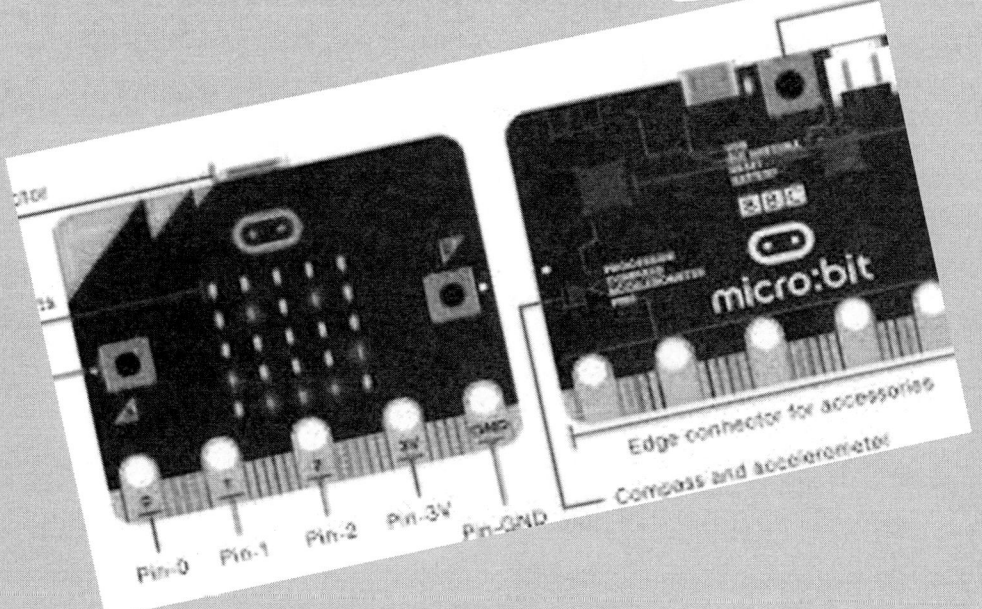

Micro:bit, como herramienta didáctica-tecnológica para aplicar el Pensamiento Computacional en 1º ciclo de Educación Primaria.

Autora: María José Moriche Julián

Micro: bit, como herramienta didáctica tecnológica para aplicar el Pensamiento Computacional en el 1º ciclo de Educación Primaria.

Autora: María José Moriche Julián

I S B N:

AGRADECIMIENTOS

Agradezco con un corazón infinito a mi marido y a todos mis hijos, quienes son mi luz porque siempre están ahí, guiándome y ayudándome a no perder el rumbo, muchísimas gracias a enseñarme a no rendirme jamás, mostrándome que el cambio es posible. Sin vuestra ayuda, no hubiera sido capaz de llegar hasta aquí.

Y a todos los que me dejo, pero que están en éste trabajo de una forma u otra, gracias por haberme ayudado en el camino.

Enero-2024

Resumen

Éste TFM versa en torno a los beneficios y a la incidencia que el desarrollo computacional a través de la placa micro: bit, puede tener sobre un grupo concreto de alumnos del 1º ciclo de Educación Primaria. El trabajo produce en éstos alumnos unos beneficios y mejoras que no se limitan al área sobre el que estén trabajando explícitamente, sino que se hacen extensivos de forma transversal a las demás asignaturas o áreas, empleando la metodología STEAM. La sociedad cambia y por ende el proceso de enseñanza-aprendizaje también. La aplicación y el PC debería estar presente en las aulas. Las razones de ésta inclusión tienen que ver con las necesidades profesionales y laborales futuras, así como por el convencimiento de los beneficios del PC procura desde edades tempranas. A través de éste trabajo se ha pretendido que los alumnos de 1º y 2º de Primaria apliquen el PC, adquieran y sistematicen patrones y técnicas de razonamiento lógico que les ayudarán en la resolución de problemas. Y, por tanto, en su proceso de aprendizaje global, actual y futuro.

Palabras Clave: Pensamiento Computacional, micro: bit, Competencias Clave, Alfabetización Digital, Transversalidad.

Abstract

This TFM deals with the benefits and the impact of computational thinking through the micro:bit, which can have on a specific group of students in the 1st cycle of Primary Education. The work argument that benefits and improvements are not limited to any specific field of study but in general all across the field of study, using the STEAM methodology. In these changing times, the teaching and learning process should adapt itself to the new innovation. The computational thinking and technology should be present in the classrooms. The reasons for this inclusion have to do with future job prospect and work requirement, as well as proven benefits of computational thinking from an early age in the education. During this project, patterns recognition, logical reasoning and algorithmic thinking are applied to help the students with problem solving ability. It concludes that computational thinking could be very handy tool in their current and future learning process.

Keywords: Computational Thinking, micro: bit, Key Competences, Digital Literacy, Transversavility.

ÍNDICE

ÍNDICE DE FIGURAS

ÍNDICE DE TABLAS

1.Contextualización del Proyecto

Introducción

Se hacen evidentes los cambios y transformaciones que se están produciendo en nuestro sistema educativo, y, por ende, en el proceso de enseñanza-aprendizaje. De la misma manera hay que adaptar la forma de aprender contando con los nuevos dispositivos y recursos de los que disponen nuestros jóvenes estudiantes.

De hecho, ¿podría ayudar el pensamiento computacional junto con éstos nuevos recursos y dispositivos como la micro: bit en el proceso de enseñanza aprendizaje para desarrollar las habilidades de resolución de problemas en cualquier área de aprendizaje?

Precisamente la respuesta a ésta pregunta supondría el punto de partida de éste trabajo de innovación de final de máster en el que se pretende dotar a los alumnos de 1º y 2º de primaria (grupo mixto), aplicando el Pensamiento Computacional (PC) para facilitarles el estudio en las diferentes áreas, en un ambiente distendido aportándoles las habilidades necesarias, para la resolución de problemas. Para ello se determina aplicar el pensamiento computacional a través de la placa micro: bit.

Se pretende aportar datos y actividades para verificar si el pensamiento computacional a través de micro: bit es eficiente. Por otra parte, la aplicación del pensamiento computacional intentará colaborar en el beneficio del resto de las áreas de forma transversal, así como al resto de actividades cotidianas de la vida misma, haciendo a los alumnos más resolutivos.

Todo el objeto de mi estudio estará basado o inmerso dentro de las metodologías activas, concretamente la denominada metodología STEAM, la cual se destaca por la mejora de forma significativa en los resultados académicos, lo cual añade valor al aprender haciendo. De esta forma la metodología STEAM, se adapta a mi proyecto por el efecto transformador en la educación.

Descripción del centro educativo o contexto

Centro de Educación Infantil, Primaria y Secundaria (C.E.I.P.S.O.) situado en un municipio de aproximadamente 147.000 habitantes, en un barrio de clase medio alta.

El centro desde el punto de vista organizativo, está constituido por:

- Infraestructuras básicas: cinco patios, dos pistas polideportivas, tres aulas de informática, un laboratorio de Ciencias, un comedor escolar, una biblioteca y un aula de psicomotricidad.
- Unidades veintisiete (dos líneas) y dos de apoyo a la integración.
- Profesorado: seis maestros de Educación infantil, doce de Primaria, dos maestras de Educación Física, un maestro de Educación musical, una maestra de PT, una maestra de AL, dos maestros de inglés, 8 profesores de inglés y 2 de profesores de Lengua y Literatura.

La población local es de otras localizaciones geográficas, del Este de Europa (Rumanía) y del Norte de Europa (Reino Unido) y (Francia), hay también del Sur de América (Paraguay, Colombia, Venezuela, Uruguay).

La base económica se centra principalmente en los servicios del sistema solar (placas solares), el centro sanitario, el horno del pan y la empresa de talleres durante todo el año.

El centro cuenta con tres niveles educativos, escolarizando un total de 357 niños entre 3 y 17 años.

Destinatarios del Proyecto

Habrá un coordinador del proyecto junto a cuatro maestros, un maestro coordinador TIC y el profesor responsable del departamento de Tecnología, todos ellos tendrán las competencias digitales básicas para llevar a cabo éste proyecto en el grupo mixto de Primaria.

Los beneficiarios de éste proyecto serán los del grupo mixto de primaria donde se encuentran alumnos de 1º y 2º. El aula está compuesta por 20 alumnos de los cuales 11 son niños y 9 son niñas. Hay niños de 5 nacionalidades diferentes. De Rumanía (5 niños y 4 niñas), Reino Unido (2 niños), Paraguay (1 niño), Francia (2 niñas) y España (3 niños y 3 niñas).

La organización del espacio escolar será teniendo en cuenta las interacciones verbales, la realización de tareas y para alentar la investigación en grupo. Los grupos serán flexibles y polivalentes. La organización física del aula se modificará según trabaje el gran grupo o pequeño grupo.

Las paredes del aula serán utilizadas para la exposición de murales, exposición de trabajos, carteles que lleven a la motivación.

2. Justificación

En los últimos años, se ha dado una tendencia creciente a nivel internacional hacia la introducción del pensamiento computacional en los colegios e institutos, mediante la creación de nuevas asignaturas relacionadas con las nuevas tecnologías, la programación de ordenadores y la robótica. En otros países de la Comunidad Europea y algunas comunidades autónomas en España la implantación del Pensamiento Computacional ya tiene un amplio recorrido, habiendo cosechado unos resultados académicos significativos en todas las áreas.

El pensamiento computacional desarrollado a través de cualquier recurso o dispositivo es una competencia básica cuya relevancia, se espera aumente en el futuro. De hecho, siguiendo al Ministerio de Educación y Formación Profesional, INTEF, CNIIE y la CAM (2018) en su estudio de Programación, robótica y pensamiento computacional en el aula detectan la importancia de inculcar el pensamiento computacional a través de la robótica, programación, scratch y codificación y desde otros dispositivos desde edades tempranas. Se plasma en el mismo informe lo útil que podrá llegar a resultar para la Comunidad Educativa. Los resultados a los que concluye dicho estudio, serán plasmados en el marco teórico.

De hecho, recientemente la OCDE (2018) en su informe sobre creación de empleo y desarrollo económico local asegura que en España se eliminarán aproximadamente un 20% de empleos debido a la automatización. Dándose la paradoja que por otro lado se quedan otros muchos puestos sin cubrir. Zapata-Ros (2018) afirma que multitud de estos puestos tienen una relación directa con el pensamiento computacional. Ya Davidson (2011) predijo y observó que alrededor del 65% de los alumnos que en la actualidad acceden a la escuela podrían tener en un futuro trabajos que todavía a día de hoy no existen.

Ante ésta perspectiva descrita anteriormente Valverde-Berrocoso, Fernández-Sánchez y Garrido-Arroyo (2015), consensua con Zapata-Ros (2018) y Davidson (2011) que el pensamiento computacional no debe ser entendido como un sinónimo de programación de ordenadores, sino como una competencia compleja de alto nivel que todos los individuos deben saber desarrollar para la resolución de problemas de una manera inteligente e imaginativa.

Fernández-Sánchez y Garrido-Arroyo (2015) perciben la necesidad de una reforma profunda de los actuales sistemas educativos, del mismo modo, que se aborda desde la Comunidad de Madrid, habiendo sido pioneros en detectar tal evidencia. Siguiendo el hilo conductor se plasma en el informe JRC de la Unión Europea (2016), del cual se hablará de las conclusiones alcanzadas con detenimiento posteriormente y por ende lo refleja el preámbulo de la LOMLOE (2020).

Con el planteamiento actual tiene cabida éste trabajo final de máster, que sería aplicar el pensamiento computacional para alumnos del 1º y 2º de primaria y así desarrollar las habilidades necesarias para la resolución de problemas. Se pretende inculcar el pensamiento computacional a través de un dispositivo innovador como es la tarjeta micro: bit a niños del grupo mixto (1º y 2º) de primaria al ser una placa que cumple con todos los requisitos para ésta edad.

Éste TFM será enfocado teniendo en perspectiva tres enfoques: la transversalidad, el ambiente desinhibidor y la metodología STEAM. La transversalidad debe ser algo que embargue cualquier aula del futuro, permitiendo a los alumnos que conecten entre sí los diferentes contenidos que se aprendan en las distintas áreas, llevando a cabo un aprendizaje ajustado a la realidad, dando rentabilidad en el tiempo y siendo más significativo. En cuanto al carácter lúdico será aportado mediante la placa micro: bit, se considera de una relevancia absoluta que los alumnos disfruten en el aula. La metodología STEAM permitirá aplicar una dinámica de aprendizaje que vaya del desarrollo teórico a la práctica. Del mundo de las ideas al mundo real.

3. Objetivos generales y específicos

La propuesta de implementación que se pretende llevar a cabo a través de éste TFM consiste en realizar una serie de actividades aplicando el pensamiento computacional mediante micro: bit para la resolución de problemas.

Teniendo en cuenta el objetivo general objeto del estudio, se desgranarán partiendo de éste otros objetivos específicos, los cuales deberían ser logrados por el alumno al finalizar ésta propuesta de implementación.

Objetivo General

OG1. Aplicar el pensamiento computacional en los alumnos de 1º y 2º (grupo mixto) de Primaria para desarrollar las habilidades necesarias para la resolución de problemas.

Objetivos Específicos

OE1. Formular un problema para saber expresar múltiples y versátiles soluciones.

OE2. Dividir un problema complejo dentro de pequeñas partes para que su manejabilidad les permita resolverlo.

OE3. Identificar similitudes y diferencias entre problemas similares para buscar una solución.

OE4. Hacer a nuestros jóvenes estudiantes más resolutivos.

OE5. Utilizar la micro: bit para identificar el error como aprendizaje.

OE6. Desarrollar el Pensamiento Computacional para ayudar al aprendizaje de otras

áreas.

OE7. Utilizar micro: bit para promover que todos los niños tengan las mismas

oportunidades.

OE8. Crear un ambiente lúdico y desinhibidor.

4. Marco Teórico

4.1. Pensamiento Computacional (PC en lo sucesivo). Origen.

Contrario a lo que se piensa acerca de los orígenes del Pensamiento Computacional como un término relativamente nuevo del siglo XXI, data del siglo XX. Saymour Papert (1980), precursor en el siglo XX subrayó que el pensamiento computacional no se desarrolla empleando únicamente la robótica y la programación. Papert (1980), creador de LOGO, indica que para desarrollar su propuesta educativa con robótica tuvo en cuenta la manera en la que el niño aprende a hablar y a desarrollar su lenguaje.

El resurgir del PC se articula en torno a la figura de Wing (2006). En el siglo XXI, el PC sigue estando estrechamente relacionado con el aprendizaje de la computación y programación, de ahí que se entienda en la inclusión del currículo mediante áreas como robótica, programación o codificación. PC ha adquirido tanta relevancia debido a su principal premisa: mostrándose que todas las personas pueden poner en uso habilidades propias del pensamiento computacional para resolver problemas en otros ámbitos.

Por otra parte, la precursora en el siglo XXI del PC Wing (2006) plantea que, no se puede concebir ésta competencia solo para ser desarrollada por aquellas personas que quieran dedicarse al mundo de la ingeniería o la informática sino que representa una actitud y un conjunto de habilidades universalmente aplicables que todos, no solo científicos informáticos, estarían ansiosos por aprender y usar. Puede parecer una definición muy general. No obstante, viene a representar la premisa del pensamiento computacional, saber aplicar esas habilidades necesarias y actitud necesaria para la resolución de problemas en otros ámbitos. Wing subraya que el objetivo no es enseñar a pensar a todo el mundo como un informático, sino como médicos, arquitectos o abogados, defendiendo la idea de integrar los elementos clave del PC en otras áreas o asignaturas.

Wing (2006, 2010) en la misma línea definió el PC como: El proceso de pensamiento envuelto en formular un problema y sus soluciones de manera que las

19

soluciones son representadas de una forma en que pueden ser llevadas a un agente de procesamiento de información. Los estudiantes, tendrán la necesidad de aprender y practicar las habilidades del PC para poder utilizar las nuevas tecnologías y confrontar los desafíos del Siglo XXI. Esta definición clarifica el alcance del pensamiento computacional porque se pone el foco en la resolución de problemas, dejando implícito los ámbitos de aplicación. (Wing J. , 2010). Desde que Wing introdujera la definición en la columna de opinión Association for Computing Machinery en (2006), han surgido multitud de estudios y definiciones al respecto.

Hemmendinger (2010), Barr y Stephenson (2011), Lu y Fletcher (2009) o Sengupta, Kinnebrew, Brasu, Biswas y Clark (2013) apuestan por integrar el PC en otras áreas de conocimiento. Otros muchos autores abogan por la integración del PC integrado en proyectos en las actividades extraescolares mediante proyecto como Computer Club.

Acorde a Trilling y Fadel (2012): "Muchos consideran que la resolución de problemas es la nueva base del aprendizaje del siglo XXI". Por esa razón se considera relevante reflexionar acerca del pensamiento computacional.

Easterbrook (2014), ha afirmado que, al postularse como solución universal de cualquier tipo de problemas, el PC es inherentemente reaccionista dado que existen problemas que por definición no tienen soluciones computacionales, (juicios de valor, dilemas éticos, cambio social, decisiones políticas).

Debido a que el pensamiento computacional parte de la premisa de resolución de problemas haciendo uso del concepto de computación según Compañ, Storre, Llorens y Molina (2015) "Nada mejor para desarrollar la habilidad de resolver problemas usando conceptos informáticos que un área de introducción a la programación". Se puede observar que de esa manera y aplicando esa misma idea se encuentra Ortega y Brouard (2018): "La programación está incluyéndose en los currículos educativos de todo el mundo para desarrollar el pensamiento computacional".

En el informe JRC de la Unión Europea et al. (2016), detallado posteriormente resalta que el PC aportaría a una nueva generación de niños una comprensión mucho más profunda de nuestro mundo (p. 48).

En febrero (2017) el INTEF colaboró en la traducción y difusión del informe "El Pensamiento Computacional en la Enseñanza Obligatoria (CompuThink) donde surge la esencia de las definiciones anteriores: el Pensamiento Computacional describe los procesos de pensamiento implicados en la formulación de un problema para admitir una solución computacional que implique abstracción, pensamiento algorítmico, automatización, descomposición, depuración y generalización.

La importancia que se asigna a ésta disciplina, estudios como los liderados por Adell et al. (2019) apuestan por la inclusión del PC dentro del currículo en la enseñanza formal obligatoria.

No obstante, diversos autores confirman que no existe acuerdo en cuanto a la conceptualización del PC. Adell, Esteve, Llopis, y Valdeolivas, (2017); González, Estebanell, y Peracaula, (2018); Grover y Pea, (2013); Lye y Koh, (2014) lo trasladan al hecho de que ha sido introducido de manera muy diferente en las escuelas a nivel curricular. En definitiva, lo que se detecta es que no hay un consenso internacional sobre la definición de pensamiento computacional. Inclusive genera confusión si introducirlo dentro del currículo, al estar éste modelo de pensamiento relacionado con la programación y la robótica, aunque otros expertos como Bocconi et al., (2016) debaten aun en la actualidad haciendo prevalecer que el pensamiento computacional va más allá.

De acuerdo con lo anterior establecido, Coronel-Díaz y Lima-Silvain (2020) sostienen que el potencial de los ordenadores en la educación había sido reconocido en los años 60 por Papert quien es mundialmente reconocido como uno de los precursores de la definición del pensamiento computacional. Papert, creador el lenguaje de programación Logo, programa dirigido a los niños permitiéndoles programar los movimientos de una tortuga. El ambiente era propicio para que los alumnos asumieran el papel de maestros, se planificaba un método de aprendizaje, siendo dividido el aprendizaje en temas más sencillos, creando una solución usando el lenguaje de programación y estableciendo el conocimiento adquirido como una base para futuras experiencias de aprendizaje. Aunque en esa época no se refirió como pensamiento computacional, muchas de las habilidades utilizadas en el lenguaje Logo sustentan las fases del PC.

Dado lo expuesto y descrito en cuanto al origen del pensamiento computacional, a modo general sí quedan claramente identificadas dos corrientes principales referentes a la concepción de lo que es y lo que implica el pensamiento computacional en el siglo XXI. Una corriente es la que representa Wing (2006; 2008; 2011) y otra es la que promueve Bers (2010; 2018). La definición de PC de Wing, que aborda en 2006 y reforma en 2008, implica que el PC es un tipo único de pensamiento que permite la resolución de problemas e implica desarrollar capacidades distintas, por ejemplo, ser capaz de diseñar soluciones para ser ejecutadas por un ordenador, un humano, o una combinación de ambos (Adellet al., 2017, p.8). Sin embargo, Bers (2018) indica que esta definición de Wing es limitada, porque, aunque destaca la relevancia de la resolución de problemas en el marco del PC, la perspectiva de Wing (2006, 2008), según Bers (2018), esconde una de las principales potencialidades del PC que es la posibilidad de expresar ideas y de crear, como lo hacemos cuando programamos.

Bers (2018) se fundamenta en los trabajos de Papert para indicar que la noción de expresión es relevante en el concepto de PC. Autora que está a favor de que el PC es una nueva forma de alfabetización, ya que la programación, al igual que la escritura, es un medio para expresarnos. Al igual que el lenguaje puede tener múltiples representaciones y resultados, los lenguajes de programación nos permiten expresarnos de maneras diferentes y crear distintos productos. Bers (2018) defiende que, en general, la resolución de problemas es una manera de expresar una solución a un problema, por lo que estaría enmarcada en una meta más global que es la de la creación, por lo tanto, la valía del PC está en la posibilidad de expresar y el desarrollar una idea. Del mismo modo que el lápiz es el dispositivo que permite escribir, el ordenador es la herramienta que Bers considera como la herramienta que permite crear. Bers (2018) no promueve que todos seamos programadores o informáticos, sino que tengamos las habilidades necesarias para poder crear y expresarnos mediante la tecnología, como parte de la alfabetización necesaria en el mundo actual.

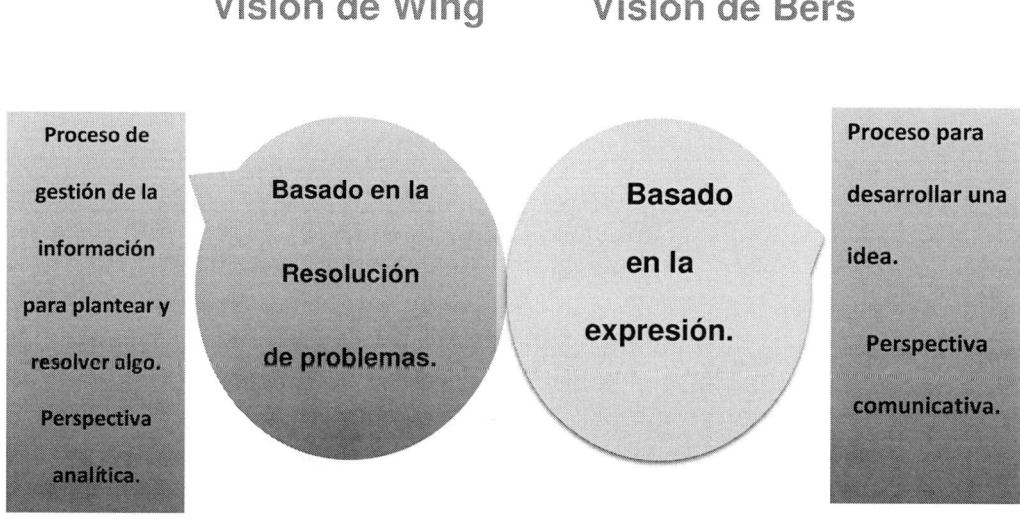

Figura 1: Diferencia en las visiones de Jeanette Wing y Marina Bers en torno al concepto de pensamiento computacional. Elaboración Propia.

4.2. *Situación de la Integración del Pensamiento Computacional*

4.2.1. Situación en España

La dinámica del proceso de introducción del PC en el currículo de la educación obligatoria en diversos países (Inglaterra, Suecia y Australia) es un excelente ejemplo según Williamson, Bergviken Rensfeldt, Player-Koro y Selwyn (2018), y de lo que algunos otros autores como Ball, Junemann y Santori (2017) y Peck y Theodore (2015) consensuan.

Peck y Theodore (2015), define "movilidades políticas" o "políticas rápidas" como aquellas políticas que se mueven por la profundización de los estudios similares y atraen por el funcionamiento y el beneficio que puede acarrear a otros.

Fundación Española para la Ciencia y la Tecnología (2016), políticas por las que España opta para introducir un marco de consenso respecto a la introducción del PC. El Ministerio de Educación, Cultura y Deporte (2018) hace un estudio titulado Programación, robótica y pensamiento computacional en el aula. Informe elaborado por el MEPF, INTEF, CNIIE (2018) que concluye con la situación actual respecto a interés de las instituciones gubernamentales educativas de nuestro sistema educativo por el pensamiento computacional, no obstante, no se dan recomendaciones concretas a la administración por su aparente novedad. Aun así, diversas comunidades autónomas han comenzado a incluir el PC en diferentes asignaturas en educación secundaria.

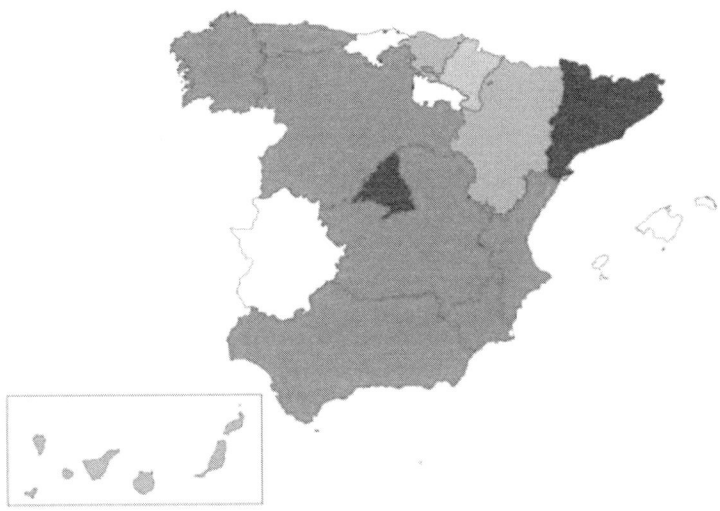

Figura 2. Comunidades Autónomas que han incluido nuevas asignaturas o contenidos sobre programación, robótica y pensamiento computacional. En color azul aparecen aquellas que lo han hecho en Primaria; verde, en Secundaria; morado, en ambos niveles educativos. Las Comunidades Autónomas que no participan en el estudio aparecen en gris.

El grupo de trabajo que fue encargado de elaborar el informe va a continuar su acción en los próximos meses elaborando una propuesta normativa para incorporar la programación, la robótica y el pensamiento computacional al currículo en todos los niveles educativos, que se espera que esté publicada antes del verano.

Cuando se redactan estas líneas (junio de 2018), una moción de censura provoca un cambio de gobierno de España sin poder predecir la ruta o el destino a la introducción de la programación, robótica y PC en España.

4.2.2. Situación en Europa.

Bocconi, S., Chioccariello, A., Dettori, G., Ferrari, A., Engelhardt, K. (2016). En el informe de Joint Research Centre (JRC) de la Unión Europea et al. concluyen que la integración del PC en el aprendizaje formal e informal supone una tendencia creciente y muy interesante en Europa y más allá de ella, por su potencial para la educación de una nueva generación de niños con una comprensión mucho más profunda de nuestro mundo. Sosteniendo que el PC es el enfoque correcto en la educación primaria y se debería poder transmitir de forma transversal en todas las áreas. Desde marcos simples a complejos. Los enfoques que se apliquen deben ser creativos y colaborativos para la resolución de problemas.

4.2.3. Situación fuera de Europa.

El programa Software Education de Corea del Sur, actualmente en su fase piloto se centra en el desarrollo del Pensamiento Computacional. Nueva Zelanda, anunció en julio 2016, que el pensamiento computacional sería integrado en el currículo nacional. Australia en el 2015. En Columbia Británica, Canadá comenzó en 2016-17. Singapur y Japón también están avanzado en esta dirección. El informe JRC (2016) de Ciencias para la Política de la Comisión Europea recoge que el objetivo de Singapur es ser una Nación Inteligente (Smart Nation). Japón por su parte aborda el informe que será un área obligatoria en primaria a partir de 2020 y en secundaria obligatoria será en 2021 y en secundaria no obligatoria en 2022.

Referencia de un caso práctico y real exitoso

Uruguay comienza un proyecto prototipo en el cual se desarrolla el pensamiento computacional a través de micro: bit, en 3º ciclo de educación primaria, conjuntamente con el autor del libro micro: bit a fondo Don José Francisco Muñoz Fernández (2021), profesor de robótica y programación computacional, quien corrobora los extraordinarios resultados cosechados y el interés por parte de las familias y alumnos. Actualmente, todo un referente en activo como profesor del Centro Privado Altaduna Saladares, autor que colabora estrechamente para el INTEF, concluye que se denota la gran diferencia entre los alumnos que se han decantado por la asignatura en las extraescolares de pensamiento computacional y codificación en los resultados académicos poniendo el foco en la resolución de problemas.

Resnick (2016), autor referente dentro y fuera de Europa señala que es crucial dar a los estudiantes la oportunidad de diseñar, crear y experimentar en las áreas que les interesen".

4.3. Marco Conceptual para la Aplicación del PC en la Resolución de Problemas.

A continuación, en éste apartado se verán algunas de las teorías más importantes para aplicar el PC en el aula. El PC siguiendo las pautas que en su día fueron descriptas por Wing (2006) y Zapata-Ros (2018). Teniendo en cuenta los dos ejes relevantes de estos dos autores. Según Zapata-Ros habrá que detectar el problema y por consiguiente encuadrarlo. Una vez que se haya comprendido el problema, se seguirán las fases que desarrolla Wing para alcanzar la consiguiente resolución del problema.

Merrill (2002) y Zapata-Ros (2018) establecen un marco conceptual para relacionar los principios fundamentales de la instrucción de cómo llevar a cabo el PC. Los principios hay que relacionarlos, conseguir la implicación por parte de nuestro alumnado y ver la naturaleza real del problema percibida por el alumno. Con estos principios fundamentales se consensuan también autores como Reigeluth y Pérez-Paredes (2016).

Por lo tanto, una vez que es detectado/activado un problema, será integrado para llegar a su aplicación y demostración del problema concreto detectado.

Figura 3. Fases de la Integración según Zapata-Ros (2018). Elaboración Propia

En la misma correlación con lo expuesto anteriormente la doctora Jeannette M. Wing (2006), postula el pensamiento computacional y lo desglosa en habilidades útiles para todos, no solo para los científicos de la computación. Partiendo de la premisa que el PC no es exclusivo de los científicos Wing (2008-2011), aborda la clasificación del PC en las siguientes fases:

1.- Descomposición de un problema en fases más pequeñas.

Consiste en la ruptura de un sistema o un problema complejo en partes más pequeñas para que así sean más fáciles de solucionar.

Cada pequeño problema se irá resolviendo uno tras otro hasta resolverlos todos.

27

2.- Reconocimiento de Patrones repetitivos.

Según Wing, cuando se hayan descompuesto en fracciones pequeñas el problema complejo, se buscan estándares de características comunes.

Encontrar esas semejanzas en los pequeños problemas descompuestos ocasionará que se resuelva el sistema de forma más eficiente.

3.- Abstracción de la información irrelevante al problema propuesto. Entendiéndose como abstracción a centrarse en lo realmente relevante, dejando a un lado lo irrelevante o innecesario. Llegados a éste paso, ¿qué se considera importante? Se trata de crear un patrón al problema, el cuál será la idea general del problema que se intente resolver.

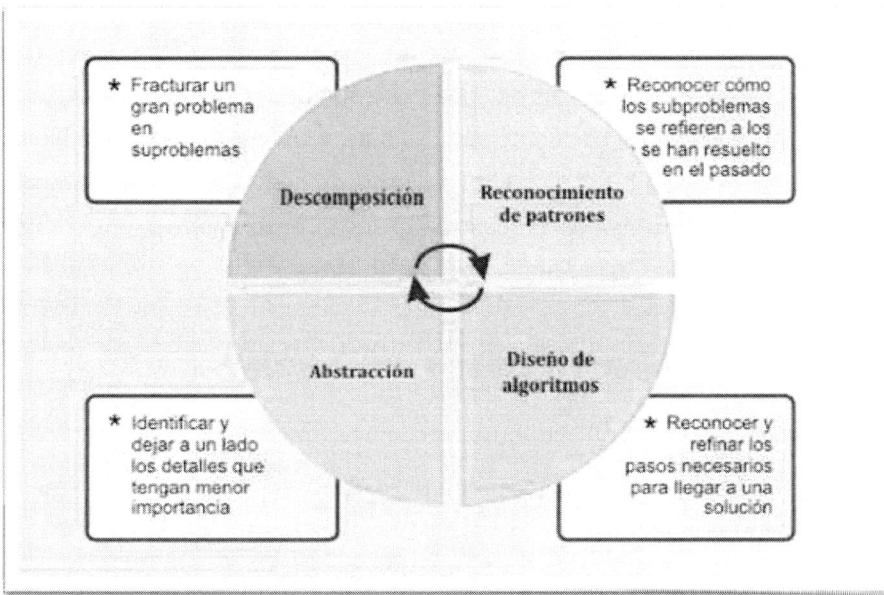

Figura 4. Etapas del pensamiento computacional. Fuente: REPE (2019)

Así las fases que muestra Zapata-Ros (2018) en su forma más concisa están en línea en cómo se trabajarían las actividades para que resultara positivo el pensamiento computacional para los jóvenes estudiantes y obviando las fases de Wing (2006).

- El aprendizaje se promueve cuando los estudiantes realizan un compromiso para resolver problemas del mundo real. Es decir, el aprendizaje se promueve cuando es un aprendizaje centrado en la tarea.
- El aprendizaje se favorece cuando existen conocimientos que se activan como base para el nuevo conocimiento. Y el alumno es consciente de ello.
- El aprendizaje se promueve igualmente cuando se centra en que el aprendizaje aplique el nuevo conocimiento.
- El aprendizaje se favorece cuando el nuevo conocimiento se tiende a que se integre en el mundo del alumno.

Obviando lo anteriormente expuesto, Velázquez-Iturbide et. al., (2018) observan que las habilidades que son necesarias para la programación de algoritmos complejos, las destrezas del PC en todo su vigor, es decir, las que son necesarias para la resolución de problemas, no se puede esperar que aparezcan o se manifiesten de forma espontánea. Éstas habilidades subraya que se adquieren de forma progresiva y se hacen utilizables de forma operativa en la última fase del proceso de enseñanza-aprendizaje.

4.4. *Pensamiento Computacional Operativo en Educación Primaria*

La documentación referente a cómo hacer operativo el PC, son escasas en cualquier etapa dentro y fuera del sistema formal educativo. No obstante, Roig-Vila y Moreno Isac (2020), enfoca el pensamiento computacional, para llevarlo al marco educativo formal, como una competencia compleja pero necesaria, ya que resalta que es aplicable en múltiples aspectos de la vida diaria. Sin que se pierda la visión para poder centrarse en lo relevante que sería no considerar al PC como la capacidad de programar un ordenador al igual que no sería estrictamente necesario que estuviera asociado al uso de dispositivos electrónicos.

En la figura 5 se muestra un ejemplo de cómo Estados Unidos hace inclusión del PC en el sistema educativo formal, según Computer Science Teachers Association (CSTA) y la International Society for Technology in Education (ISTE) (2011). Como puede observarse las fases plasmadas prevalecen también en su gran mayoría con Wing (2011) y Bers (2018) y Zapata (2018).

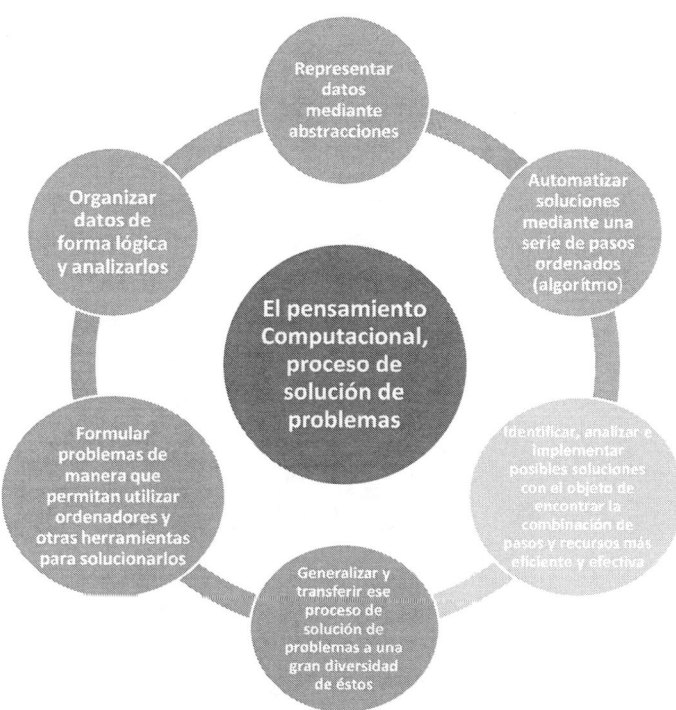

Figura 5: Llevar el PC al Aula de Primaria. Fuente: CSTA e ISTE. Elaboración Propia.

4.5. *Características de la placa micro: bit*

Especificación abordada por la BBC (2016) ¿Por qué la hace ideal desde edades tan tempranas como 7 años?

- Micro: bit es una placa que destaca por su solidez, a prueba de bombas, los conectores parecen que se fueran a caer, pero nada más lejos de la realidad.
- Su tamaño de tan solo 4,2 x 5,1 cm hace que sea el tamaño perfecto para una manita de 7 años, por su manejabilidad.
- Se puede utilizar a modo experimental, con acoples externos para realizar otro tipo de actividades. Acoples que se anexan de una manera sencilla, como acoplar un

velcro a cualquier superficie, del mismo modo se acopla un piano, un joystick, un robot y múltiples detectores para crear casi cualquier experimento.

- Detecta sonidos, ofrece un interfaz de una carita, haciendo éstas características propias de niños de corta edad. Haciendo que el propio exterior de la placa sea atractivo y llame la atención de los más pequeños.

- Su coste la hace asequible a todos los bolsillos, equipada con todos los accesorios necesarios para comenzar.

- El aprendizaje adquirido verá su funcionalidad hasta la Universidad.

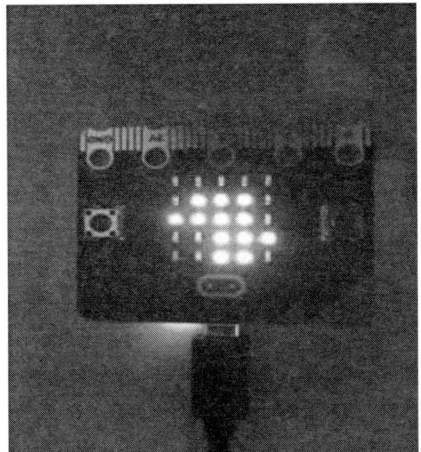

Figura 6: micro: bit. Un pato. Elaboración Propia.

Figura 7. Placa con Joystick. Elaboración Propia.

Figura 8. Placa con piano. Elaboración Propia.

4.6. *Características de los alumnos*

Teniendo en cuenta la teoría genética de Piaget (2007) y los estudios psicoevolutivos de Palacios, Marchesi y Coll (2013), el alumnado del 1º ciclo de primaria se caracteriza por:

Tabla 1: *Características del alumnado de siete y ocho años. Elaboración Propia.*

Aspectos físico-motrices	Aspectos Cognitivos	Aspectos Lingüísticos	Aspectos afectivos/sociales	Aspectos Morales
Consolida la Lateralidad	Es importante la experimentación	Pronuncia los sonidos	Mayor control emocional	Afianza valores
Distingue partes del cuerpo	Curiosidad intelectual	Incrementa su vocabulario	Consolida su socialización	Sensibilidad hacia lo injusto
Controla los movimientos	Pensamiento causal	Describe por semejanzas	Aceptación de los demás	Respeta normas

Anteriormente en la contextualización del proyecto, se encuentran expuestos los datos concretamente del aula mixta de (7 y 8 años) en la que será llevada a cabo la propuesta de implantación-innovación.

33

5. Desarrollo del Proyecto

El proyecto tiene como objetivo principal desarrollar actividades y datos que lleven al alumnado de 1º y 2º (grupo mixto) de Primaria a aplicar el pensamiento computacional para desarrollar habilidades necesarias para la resolución de problemas, a través de la placa micro: bit. Se hará transversalmente a través de algunas de las áreas, para dar respuesta a diferentes problemas, mediante la metodología STEAM.

5.1. *Metodología*

Tabla 2: *Acrónimo STEAM. Elaboración Propia.*

Science	Technology	Engineering	Arts	Maths
Ciencia	Tecnología	Ingeniería	Arte	Matemáticas

Meth (1978) define la metodología STEAM como "una aproximación de enseñanza y aprendizaje interdisciplinar donde se parte de un problema, y en la que, mediante procesos de resolución de problemas, se aplican los conocimientos de varias disciplinas contribuyendo así a la resolución de dicho problema".

La metodología STEAM correlaciona de una forma práctica el mundo teórico con el mundo real mediante la participación activa de los estudiantes. Cilleruelo y Zubiaga (2014) subrayan que "la educación STEAM permite una aproximación al proceso de enseñanza/aprendizaje desde una posición activa impulsada por un juego experimental que promueve la ruptura de barreras entre disciplinas e incluye múltiples posibilidades en la encrucijada arte, ciencia y tecnología".

Diversas organizaciones defienden y promueven la introducción de la metodología STEAM en el aula. Así:

- European Schoolnet ofrece soporte y recursos a los docentes que elijan algunas iniciativas por ellos propuestos.

- La Organización Educacional Micro: bit es precursora de la metodología STEAM mediante el uso de su dispositivo.
- La organización internacional FIRST organiza First Lego League, mezclando robótica, resolución de problemas con la metodología STEAM.

Otra perspectiva obvia de la metodología STEAM es que promueve y fomenta la creatividad entre el alumnado, ya que pone a disposición de los estudiantes herramientas atractivas de creación.

Siendo la creatividad una de las competencias necesarias para los ciudadanos del siglo XXI, pues será un aspecto relevante tanto a nivel académico como laboral.

Con ésta metodología a los alumnos se les invita a la reflexión de su aprendizaje para que les resulte más práctico y eficiente.

Fases para la formulación de las actividades con la metodología STEAM

FASE 1   Análisis de la situación educativa.
Se analizan las necesidades de los alumnos tomando en cuenta las opiniones expresadas por todos los miembros de la Comunidad Educativa. Se definen las causas y se identifica como se puede resolver el problema.

Fase 2   Selección y definición del problema.
Se realizan sugerencias para seleccionar correctamente el problema.
Se atiende a alumnos con rezago que tenemos localizados en determinadas áreas, con un vocabulario plano.

Fase 3   Definición de los objetivos.
Una vez planteado el problema, se definen los objetivos generales, específicos y didácticos. Consiguiendo saber hacia donde se dirige el proyecto y lo que se pretende lograr.

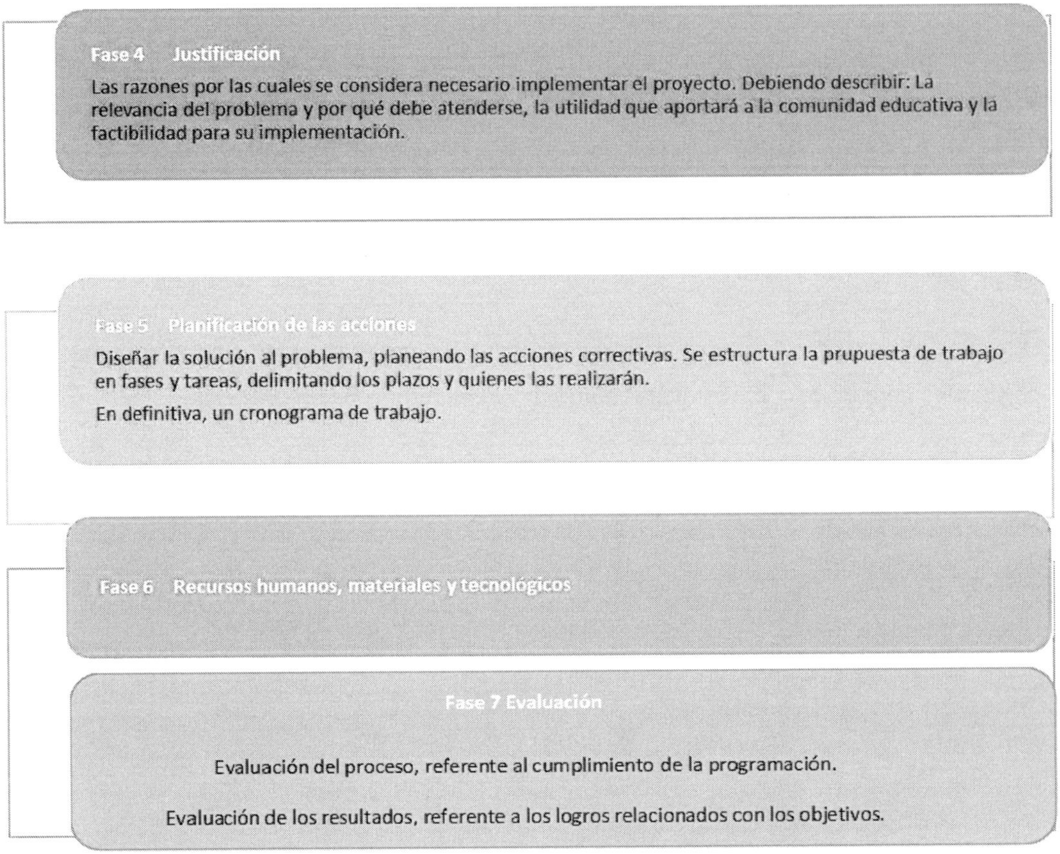

Fase 4   Justificación

Las razones por las cuales se considera necesario implementar el proyecto. Debiendo describir: La relevancia del problema y por qué debe atenderse, la utilidad que aportará a la comunidad educativa y la factibilidad para su implementación.

Fase 5   Planificación de las acciones

Diseñar la solución al problema, planeando las acciones correctivas. Se estructura la prupuesta de trabajo en fases y tareas, delimitando los plazos y quienes las realizarán.

En definitiva, un cronograma de trabajo.

Fase 6   Recursos humanos, materiales y tecnológicos

Fase 7 Evaluación

Evaluación del proceso, referente al cumplimiento de la programación.

Evaluación de los resultados, referente a los logros relacionados con los objetivos.

Figura 9: Fases de la metodología. STEAM. Elaboración Propia

5.2. Actividades

5.2.1. ACTIVIDADES DESENCHUFADAS y ENCHUFADAS – UNPLUGGED and PLUGGED ACTIVITIES

El uso de actividades desconectadas es el enfoque necesario para fomentar el desarrollo del PC a los alumnos del grupo mixto para que lleven a cabo la resolución de problemas a partir de conceptos y actividades en ésta temprana edad. La ventaja de éste tipo de actividades es que no exige conectar al ordenador la placa micro: bit. Con la propia batería que incluye la placa bastaría para realizar la actividad. Todas las actividades se realizan en un ambiente visual, atractivo e intuitivo para los estudiantes, mostrándoles la persona responsable la actividad siempre como un rompecabezas, que tendrán que observar con atención, para unir todas sus piezas para llegar a su resolución.

Las actividades se plantearán siguiendo una progresión, desde lo más básico hasta lo más complejo. Esa complejidad la verán a lo largo de sus vidas. A la edad de 7 y 8 años, el desarrollo de las actividades va encaminado según representa la figura:

Figura 10: Ámbitos que serán útiles a lo largo de su vida. Elaboración Propia.

Habrá una fase inicial, en la cual se les introducirá en la búsqueda de patrón/patrones, los componentes de la placa micro: bit y su utilización. En definitiva, se les familiarizará con la placa, todo explicado con un vocabulario acorde a su edad, concreto, conciso y muy básico. Habrá una fase de desarrollo donde comenzarán con actividades desenchufadas (sin conexión), para posteriormente encaminarles a las actividades enchufadas. El alumnado en ésta fase ya han comprendido el mecanismo de la placa. No obstante, siempre se comienza la siguiente actividad haciendo un sumario de la anterior. Las actividades enchufadas serán muy sencillas y lúdicas, que serán programadas (por bloques), actividades orientadas a sus intereses y donde el núcleo de las explicaciones conlleve a desarrollar un PC. Para terminar, habrá una fase final, donde en la actividad de cierre y despedida tendrán que aplicar todo lo aprendido en las actividades anteriores.

Como se verá posteriormente, el proyecto se encuentra fraccionado en diferentes sesiones:

SESIÓN 1: PRESENTACIÓN PLACA Micro: bit	
DESTINATARIOS	**TEMPORALIZACIÓN**
1º y 2º Primaria (Grupo mixto)	1 junio – (2 sesiones de 45 minutos en matemáticas). Sesiones establecidas 1ª y 2ª hora.
AGRUPAMIENTOS	**FOMENTO DE LAS TAC**
5 grupos de 4 alumnos	Han hecho uso de las tabletas para la búsqueda de información acerca de la placa micro: bit.
METODOLOGÍA DIDÁCTICA STEAM	
La metodología será activa, motivadora y participativa, una metodología donde el proceso de construcción del aprendizaje se realizará a través de acciones didácticas enmarcadas en el entorno más inmediato de los alumnos (en su grupo burbuja).	
OBJETIVOS DIDÁCTICOS	**CONTENIDOS**
<ul><li>Observar y entender los componentes de su nueva herramienta micro: bit.</li></ul>	<ul><li>Observación y entendimiento de la placa.</li></ul>
DESARROLLO	
El grupo está sentado escuchando instrucciones y se les mostrará todo lo que tiene integrado la placa, con ejemplos sencillos y a base de su manipulación. Se les concienciará de la importancia del cuidado de la placa mediante su valoración. Valoración que se fomentará mediante actividades simples de encendido, poniendo caras. Se aprovechará ésta primera sesión para hablarles de la importancia de trabajar en equipo.	
COMPETENCIAS CLAVE	
CCL Comunicación Lingüística CCD Competencia Digital CCAA Competencia Aprender a Aprender CC SC Competencias sociales y cívicas	Competencias que serán desarrolladas durante toda la propuesta de implantación-innovación.

SESIÓN 2: ENTUSIASMAR CON LOS ELEMENTOS INTEGRADOS DE LA PLACA

DESTINATARIOS	TEMPORALIZACIÓN
1º y 2º Primaria (Grupo mixto)	3 junio – (1 sesión de 45 minutos en lenguaje).

AGRUPAMIENTOS	FOMENTO DE LAS TAC
2 grupos de 10 alumnos.	Han hecho uso de las tabletas para la búsqueda de información acerca de la placa micro: bit.

METODOLOGÍA DIDÁCTICA STEAM

La metodología será activa, motivadora y participativa, una metodología donde el proceso de construcción del aprendizaje se realizará a través de acciones didácticas enmarcadas en el entorno más inmediato de los alumnos (en su grupo burbuja).

OBJETIVOS DIDÁCTICOS	CONTENIDOS
▪ Atraer su atención mediante ejemplos reales.	▪ Atracción mediante ejemplos del mundo real.

DESARROLLO

El grupo está sentado:

1º Aplauden, para activar las luces leds de la placa.

2º Presionan el botón denominado A para escuchar música, haciéndoles entender que lleva incorporado un altavoz.

3º Vamos a despertar a la placa, agitándola, al agitarla se enciende la luz.

4º Vamos a colocar al gran grupo (la clase entera), un grupo de hacia la derecha y otro hacia la izquierda. Y verán con sus respectivas placas como si direccionan la placa hacia la derecha, les indicará la derecha, la direccionan hacia la izquierda, la micro: bit señalará hacia la izquierda, explicándoles que la placa tiene incorporada una brújula.

5º Mediante la placa, hacemos una actividad de expresión verbal. Una placa saluda (1º grupo) y la otra placa del otro grupo responde. (Mensajes cortos).

Valoración del proceso de Enseñanza-Aprendizaje. Técnicas e Instrumentos de EVALUACIÓN

INDICADORES DE EVALUACIÓN

Participa en las actividades grupales respetando a los demás.	Instrumentos de Evaluación Observación Directa (OD)	INDICADORES DE LOGRO			
		Siempre	Muchas Veces	A Veces	Casi Nunca
Consigue entender los diferentes elementos y beneficios de la placa	OD				
Ejecuta diferentes tipos de aprendizaje gracias a su autonomía con las TAC	OD				
Mantiene una actitud positiva hacia la placa	OD				
Participa y colabora junto con sus compañeros de grupo	OD				

SESIÓN 3: ¡1, 2, 3!, ¡ACCIÓN!, COMIENZA LA DIVERSIÓN

DESTINATARIOS	TEMPORALIZACIÓN
1º y 2º Primaria (Grupo mixto)	4 junio – (1 sesión de 45 minutos en matemáticas).

AGRUPAMIENTOS	FOMENTO DE LAS TAC
4 grupos de 5 alumnos.	Actividad desenchufada

METODOLOGÍA DIDÁCTICA STEAM

La metodología será activa, motivadora y participativa, una metodología donde el proceso de construcción del aprendizaje se realizará a través de acciones didácticas enmarcadas en el entorno más inmediato de los alumnos (en su grupo burbuja).

OBJETIVOS DIDÁCTICOS	CONTENIDOS
▪ Reconocer patrones, y hacer uso de su diario, para llevar un recuento.	▪ Reconocimiento de patrones.

DESARROLLO

El docente programa cuatro micro: bit a través de Microsoft code maker (programación en bloques) del juego "Piedra, Papel y Tijeras". Siguiendo las fases del PC, son conscientes que hay un problema. Por lo tanto, deben agitar la placa para descubrir que opciones tiene y dentro de esas opciones, deberá optar por la elección correcta si quiere hacer un computo positivo en su diario.

Valoración del proceso de Enseñanza-Aprendizaje. Técnicas e Instrumentos de EVALUACIÓN

INDICADORES DE EVALUACIÓN

Participa en las actividades grupales respetando a los demás.	Instrumentos de Evaluación Observación Directa (0D)	INDICADORES DE LOGRO			
		Siempre	Muchas Veces	A Veces	Casi Nunca
Consigue entender los diferentes patrones	OD				
Utiliza el pensamiento crítico y lógico para llegar a una respuesta adecuada	OD				
Mantiene una actitud positiva	OD				
Participa y colabora junto con sus compañeros de grupo	OD				

SESIÓN 4: ¡DIBUJAR DIGITALMENTE!

DESTINATARIOS	TEMPORALIZACIÓN
1º y 2º Primaria (Grupo mixto)	7 junio – (1 sesión de 45 minutos en plástica).

AGRUPAMIENTOS	FOMENTO DE LAS TAC
Individualmente	Actividad enchufada, haciendo uso de las tabletas.

METODOLOGÍA DIDÁCTICA STEAM

La metodología será activa, motivadora y participativa, una metodología donde el proceso de construcción del aprendizaje se realizará a través de acciones didácticas enmarcadas en el entorno más inmediato de los alumnos (en su grupo burbuja).

OBJETIVOS DIDÁCTICOS	CONTENIDOS
<ul><li>Reconocer patrones lineales</li><li>Fraccionar el problema</li><li>Diseñar algorítmicamente</li><li>Alcanzar varias soluciones para llegar al objetivo</li></ul>	<ul><li>Reconocimiento de patrones</li><li>Fraccionamiento del problema</li><li>Diseño algorítmico</li><li>Resolución del objetivo</li></ul>

DESARROLLO

Previamente el docente a través de la PDI, les ha indicado los pasos a seguir, ellos ya tienen el conocimiento del funcionamiento del lenguaje de programación de bloques. No obstante, se ha dado una pequeña revisión para que puedan integrar el problema dado. Deben de encontrar la manera de hacer un pato, un toro o un corazón. Arrastran sobre el bloque grande, indicándole el mismo bloque por la forma que van ellos dibujando si han encontrado el animal que indicaba el enunciado del problema.

Valoración del proceso de Enseñanza-Aprendizaje. Técnicas e Instrumentos de EVALUACIÓN

INDICADORES DE EVALUACIÓN

Participa en la actividad respetando a los demás.	Instrumentos de Evaluación Observación Directa (OD)	INDICADORES DE LOGRO			
		Siempre	Muchas Veces	A Veces	Casi Nunca
Consigue entender los diferentes patrones lineales	OD				
Utiliza el pensamiento crítico y lógico para llegar a una respuesta adecuada	OD				
Mantiene una actitud positiva	OD				
Participa y colabora junto con sus compañeros de grupo, generándole confianza en sí mismo, logrando un dibujo digital por primera vez, a través de codificación.	OD				

41

SESIÓN 5: ¡MY FIRST DIGITAL STORYTELLING!

DESTINATARIOS	TEMPORALIZACIÓN
1º y 2º Primaria (Grupo mixto)	9 junio – (1 sesión de 45 minutos en inglés).

AGRUPAMIENTOS	FOMENTO DE LAS TAC
10 grupos de 2 alumnos	Actividad desenchufada. Se aprovecha la programación anterior de los animales y expresiones faciales.

METODOLOGÍA DIDÁCTICA STEAM

La metodología será activa, motivadora y participativa, una metodología donde el proceso de construcción del aprendizaje se realizará a través de acciones didácticas enmarcadas en el entorno más inmediato de los alumnos (en su grupo burbuja).

OBJETIVOS DIDÁCTICOS	CONTENIDOS
<ul><li>Seguir patrones</li><li>Fraccionar el problema</li><li>Conectar imágenes para crear una historia</li><li>Expresarse en el idioma extranjero, motivado por el ambiente lúdico</li></ul>	<ul><li>Seguimiento de patrones</li><li>Fraccionamiento del problema</li><li>Conexión de imágenes para crear una historia</li><li>Comunicación en inglés ayudando el ambiente deshinbido.</li></ul>

DESARROLLO

El alumnado tiene programado de la sesión anterior animales, por lo tanto, retomaremos esos animales y otros más avanzados programarán expresiones faciales, todo combinado creará diferentes storytelling, cuentos. Así fomentará la destreza de speaking (expresión verbal), el listening (esucha) y la destreza del understanding (entendimiento). Todo ello mostrará autonomía, imaginación, creatividad, pensamiento crítico, pensamiento visual y todo ello siguiendo las fases del PC.

Valoración del proceso de Enseñanza-Aprendizaje. Técnicas e Instrumentos de EVALUACIÓN

INDICADORES DE EVALUACIÓN

Participa en la actividad respetando a los demás.	Instrumentos de Evaluación Observación Directa (0D)	INDICADORES DE LOGRO			
		Siempre	Muchas Veces	A Veces	Casi Nunca
Consigue entender los diferentes patrones y conectar las imágenes suyas con las de sus compañeros para crear una historia mediante su habilidad comunicativa en una 2ª lengua.	OD				
Utiliza el pensamiento crítico, lógico y visual +para llegar a una respuesta adecuada	OD				
Mantiene una actitud positiva	OD				
Participa y colabora junto con sus compañeros de grupo.	OD				

SESIÓN 6: "JUEGO DE SERIES DE 4"

DESTINATARIOS	TEMPORALIZACIÓN
1º y 2º Primaria (Grupo mixto)	11 junio – (1 sesión de 45 minutos en matemáticas).

AGRUPAMIENTOS	FOMENTO DE LAS TAC
Gran grupo (20 alumnos)	1ª fase actividad enchufada, (tabletas) para acabar desenchufados y experimentar la actividad.

METODOLOGÍA DIDÁCTICA STEAM

La metodología será activa, motivadora y participativa, una metodología donde el proceso de construcción del aprendizaje se realizará a través de acciones didácticas enmarcadas en el entorno más inmediato de los alumnos (en su grupo burbuja).

OBJETIVOS DIDÁCTICOS	CONTENIDOS
<ul><li>Seguir patrones</li><li>Fraccionar el problema</li><li>Elegir imágenes para la resolución de la serie.</li></ul>	<ul><li>Seguimiento de patrones</li><li>Fraccionamiento del problema</li><li>Elección de cualquier imagen que los lleve a una serie correcta</li></ul>

DESARROLLO

A éstas alturas el alumno ya es consciente de los 4 botones que componen la placa. Aunque se les ha explicado a modo recordatorio nuevamente. Presionan Botón A: una imagen, Botón B: otra imagen, Botón A+B = otra imagen, Botón LOGO= otra imagen.

ENUNCIADO: Partiendo de la base que cada alumno tiene 4 animales diferentes en su placa micro: bit, debe ponerse de acuerdo con el resto de sus compañeros para formar una serie de 4. Pudiendo dar solución a través de múltiples respuestas. Un ejemplo: gusano, toro, jirafa y pato. Algunos alumnos han mejorado la serie juntándose entre ellos y doblando, para que el resultado fuera: dos gusanos, dos toros, dos jirafas y dos patos, así sucesivamente.

Valoración del proceso de Enseñanza-Aprendizaje. Técnicas e Instrumentos de EVALUACIÓN

INDICADORES DE EVALUACIÓN

Participa en la actividad respetando a los demás.	Instrumentos de Evaluación Observación Directa (0D)	INDICADORES DE LOGRO			
		Siempre	Muchas Veces	A Veces	Casi Nunca
Consigue entender los diferentes patrones y conectar las imágenes suyas con sus compañeros para alcanzar una serie	OD				
Utiliza el pensamiento crítico, lógico y visual para llegar a una respuesta adecuada, no teniendo cabida una única respuesta	OD				
Mantiene una actitud positiva	OD				
Participa y colabora junto con sus compañeros de grupo	OD				

SESIÓN 7: "INICIACIÓN A LA MULTIPLICACIÓN DIGITAL"

DESTINATARIOS	TEMPORALIZACIÓN
1º y 2º Primaria (Grupo mixto)	14 junio – (1 sesión de 45 minutos en matemáticas).

AGRUPAMIENTOS	FOMENTO DE LAS TAC
Grupos de 2	Actividad desenchufada.

METODOLOGÍA DIDÁCTICA STEAM

La metodología será activa, motivadora y participativa, una metodología donde el proceso de construcción del aprendizaje se realizará a través de acciones didácticas enmarcadas en el entorno más inmediato de los alumnos (en su grupo burbuja).

OBJETIVOS DIDÁCTICOS	CONTENIDOS
<ul><li>Seguir patrones</li><li>Fraccionar el problema</li><li>Elegir el número correcto para la resolución de la multiplicación</li></ul>	<ul><li>Seguimiento de patrones</li><li>Fraccionamiento del problema</li><li>Elección del número que conlleve al producto adecuado</li></ul>

DESARROLLO

Llevan cada uno su micro: bit, tienen programados (números del 1 al 10). Sale una pareja y tienen que decir 2 x 3, y la pareja que elijan deberán dar la solución mediante la búsqueda del número o números correctos a través de la agitación de micro: bit. Hay alumnos que aún no sabían la tabla del 2 y de manera segura y autónoma han superado el problema y han dado con el producto mediante la unión de 3 compañeros sumando 2 + 2 + 2. Mejorando e innovando el enunciado del problema.

Valoración del proceso de Enseñanza-Aprendizaje. Técnicas e Instrumentos de EVALUACIÓN

INDICADORES DE EVALUACIÓN

Participa en la actividad respetando a los demás.	Instrumentos de Evaluación Observación Directa (OD)	INDICADORES DE LOGRO			
		Siempre	Muchas Veces	A Veces	Casi Nunca
Consigue entender los diferentes patrones	OD				
Utiliza el pensamiento crítico, lógico y visual para llegar a una respuesta adecuada, no teniendo cabida una única respuesta	OD				
Mantiene una actitud positiva	OD				
Participa y colabora junto con sus compañeros de grupo	OD				

SESIÓN 8: "¿CÓMO SALIR DEL LABERINTO?"

DESTINATARIOS	TEMPORALIZACIÓN
1º y 2º Primaria (Grupo mixto)	16 junio (1 sesión de 45 minutos en Educación Física).

AGRUPAMIENTOS	FOMENTO DE LAS TAC
5 grupos de 4 alumnos	Actividad desenchufada

METODOLOGÍA DIDÁCTICA STEAM

La metodología será activa, motivadora y participativa, una metodología donde el proceso de construcción del aprendizaje se realizará a través de acciones didácticas enmarcadas en el entorno más inmediato de los alumnos (en su grupo burbuja).

OBJETIVOS DIDÁCTICOS	CONTENIDOS
▪ Seguir patrones ▪ Fraccionar el problema ▪ Reconocer derecha, izquierda, hacia delante y detrás	▪ Seguimiento de patrones ▪ Fraccionamiento del problema ▪ Reconocimiento de derecha, izquierda, delante y detrás

DESARROLLO

Se plasmarán con cinta aislante de colores 5 laberintos, de 5 cuadros X 4 cuadros de tal manera que se escribirá en un determinado cuadro la palabra INICIO y en otro cuadro concreto la palabra META. Habrá 1 placa micro: bit y un laberinto por cada grupo, teniendo que decidir ellos mismos después de haber planificado las acciones a tomar, una resolución al problema. Después de haber reconocido el patrón direccional a seguir, simplemente tendrán que pulsar el botón adecuado con su placa micro: bit para alcanzar la meta de su laberinto. Diferentes combinaciones de direcciones les guiarán a la meta.

ENUNCIADO: Estoy perdido, me tenéis que ayudar a salir, teniendo en cuenta que El botón A = izquierda, botón B = derecha, botón LOGO táctil = arriba y botón A+B = abajo. El guardián del laberinto llevará las posibles combinaciones y los demás tendrán que escuchar atentamente para ayudarme a salir de aquí.

Antes del cierre de la actividad se denota la capacidad para mejorar el recorrido y llegar a la meta con las mínimas acciones de direccionalidad. Donde antes encontraban contratiempos, la práctica les hace conseguir salir exitosos, consiguiendo mejorar su tiempo haciendo el recorrido más corto hasta la meta.

Valoración del proceso de Enseñanza-Aprendizaje. Técnicas e Instrumentos de EVALUACIÓN

INDICADORES DE EVALUACIÓN

Participa en la actividad respetando a los demás.	Instrumentos de Evaluación Observación Directa (OD)	INDICADORES DE LOGRO			
		Siempre	Muchas Veces	A Veces	Casi Nunca
Consigue entender los diferentes patrones	OD				
Utiliza el pensamiento crítico, lógico y visual para llegar a una respuesta adecuada, no teniendo cabida una única respuesta	OD				
Mantiene una actitud positiva	OD				
Participa y colabora junto con sus compañeros de grupo, atendiendo a las direcciones	OD				

SESIÓN 9: "INVESTIGUEMOS LA TEMPERATURA DEL ENTORNO"

DESTINATARIOS	TEMPORALIZACIÓN
1º y 2º Primaria (Grupo mixto)	18 junio – (1 sesión de 45 minutos en Ciencias Naturales).

AGRUPAMIENTOS	FOMENTO DE LAS TAC
En parejas. Cada uno con su placa	Actividad desenchufada. Placa programada por parte del docente a cargo del proyecto, para averiguar la temperatura exterior e interior.

METODOLOGÍA DIDÁCTICA STEAM

La metodología será activa, motivadora y participativa, una metodología donde el proceso de construcción del aprendizaje se realizará a través de acciones didácticas enmarcadas en el entorno más inmediato de los alumnos (en su grupo burbuja).

OBJETIVOS DIDÁCTICOS	CONTENIDOS
<ul><li>Seguir patrones</li><li>Fraccionar el problema</li><li>Entender frío, calor y temperatura ambiente</li><li>Observar cómo se produce la comunicación entre las 2 placas</li></ul>	<ul><li>Seguimiento de patrones</li><li>Fraccionamiento del problema</li><li>Reconocimiento de frío, calor y temperatura ambiente</li><li>Observación de la comunicación entre las 2 placas</li></ul>

DESARROLLO

Previamente se ha programado las placas para que se puedan comunicar desde la misma frecuencia. La placa seguirá las siguientes acciones: botón A= medirá temperatura externa e interna, inmediatamente de la lectura de la temperatura, el dato extraído lo llevará a su placa gemela (programada en la misma frecuencia).

ENUNCIADO: ¡Chicos!, ya sabéis quién es vuestro gemelo, a partir de ahora, disfrutad y compartir los datos que más os sorprendan. Algunos alumnos han decidido intercambiarse las placas, porque tienen la curiosidad de saber si la medición es idéntica a la observada desde sus placas. Debido a la pandemia, se suspende la acción.

Valoración del proceso de Enseñanza-Aprendizaje. Técnicas e Instrumentos de EVALUACIÓN

INDICADORES DE EVALUACIÓN

Participa en la actividad respetando a los demás.	Instrumentos de Evaluación Observación Directa (OD)	INDICADORES DE LOGRO			
		Siempre	Muchas Veces	A Veces	Casi Nunca
Consigue entender los diferentes patrones	OD				
Utiliza el pensamiento crítico, lógico y visual para llegar a una respuesta adecuada, no teniendo cabida una única respuesta	OD				
Mantiene una actitud positiva	OD				
Participa y colabora junto con sus compañeros de grupo, atendiendo a las direcciones	OD				

SESIÓN 10: "CIERRE Y DESPEDIDA A MI MEDIDA"

DESTINATARIOS	TEMPORALIZACIÓN
1º y 2º Primaria (Grupo mixto)	21 junio – (1 sesión de 45 minutos en Ciencias Sociales).

AGRUPAMIENTOS	FOMENTO DE LAS TAC
Individual	Actividad desenchufada. Placa programada por parte del docente a cargo del proyecto, con los diferentes acoples de micro: bit para que puedan experimentar. Acoples como el joystick.

METODOLOGÍA DIDÁCTICA STEAM

La metodología será activa, motivadora y participativa, una metodología donde el proceso de construcción del aprendizaje se realizará a través de acciones didácticas enmarcadas en el entorno más inmediato de los alumnos (en su grupo burbuja).

OBJETIVOS DIDÁCTICOS	CONTENIDOS
<ul><li>Aprender a investigar acerca de las posibilidades con micro: bit</li><li>Despertar su curiosidad</li><li>Fomentar el concepto de mejora</li></ul>	<ul><li>Aprendizaje de las posibilidades de su herramienta</li><li>Estimulación de su curiosidad</li><li>Activación para impulsar y potenciar el concepto de mejora</li></ul>

DESARROLLO

El docente encargado de la actividad, previamente ha programado Omnibit vehículo con joystick. 1 placa micro: bit será el vehículo utilizando piezas LEGO para conseguir que la placa tome la forma de un vehículo. Ruedas Mecanum para que observen las diferentes combinaciones direccionales. Simplemente tendrán que recordar como se hizo en las actividades anteriores, con la particularidad que tendrán una nueva dirección llamada movimiento de lateralidad arrastrada derecha/izquierda y el giro.

ENUNCIADO: ¡Chicos!, observad el mecanismo que aporta el vehículo. 1º ¿Qué nueva dirección identificáis? 2º Se colocará una rampa y tendrán que decir según la forma y la inclinación que orden dar al vehículo. Todos los alumnos participarán, dándoles múltiples y diferentes instrucciones.

Hemos confeccionado el ambiente ideal para que sigan investigando y reflexionando acerca de las posibilidades que tiene ésta placa. Fomentando así que deseen su continuidad.

Valoración del proceso de Enseñanza-Aprendizaje. Técnicas e Instrumentos de EVALUACIÓN

INDICADORES DE EVALUACIÓN

Participa en la actividad respetando a los demás.	Instrumentos de Evaluación Observación Directa (0D)	INDICADORES DE LOGRO			
		Siempre	Muchas Veces	A Veces	Casi Nunca
Consigue entender los diferentes patrones para dirigir bien el vehículo	OD				
Utiliza el pensamiento crítico, lógico y visual para llegar a una respuesta adecuada, no teniendo cabida una única respuesta	OD				
Mantiene una actitud positiva	OD				
Participa y colabora junto con sus compañeros de grupo, atendiendo a las direcciones	OD				

5.3. Recursos

5.3.1. Recursos Humanos

El Rol del Equipo Directivo ejerce una función prioritaria, de hecho, afecta directamente en que la propuesta de implementación innovación alcance su éxito o no. Porque éste va a conseguir que el proceso de aprendizaje influya en el resto de los participantes que integran nuestro CEIPSO. Su carisma, su motivación y habilidad para promover un ambiente motivante creará un clima de colaboración, responsabilizando a todos sus integrantes de forma igualitaria sin que ellos sean conscientes de su labor. Para ello deberá se facilitará un liderazgo distributivo e instructivo, lo que se denomina "manos de hierro con guantes de seda".

Todo lo anterior expuesto incrementará a que la Comunidad Educativa se entusiasme con la idea de implementar el PC a través de micro: bit en el centro. De la misma manera se producirá, que todos los miembros de la Comunidad Educativa se sientan completamente integrados consiguiendo una continuidad hacia el siguiente nivel de complejidad.

5.3.2. Recursos Materiales

- 20 tabletas
- 20 placas micro: bit
- Piezas Lego
- Pilas
- PDI
- Retroproyector
- Fibra Óptica

5.4. Cronograma.

5.4.1. *Cronograma de la Propuesta de Implantación-Innovación*

	Objetivos Específicos que persigue	HITOS PROPUESTOS O MOMENTOS CLAVES / Tareas	1-junio	3-junio	4-junio	7-junio	9-junio	11-junio	14-junio	16-junio	18-junio	21-junio
FASE 1 Fase Inicial	OE 1	S1. Evaluación y explicación de la situación inicial	▓									
	OE 2 / OE 3	S2. Familiarización con la placa y sus beneficios		▓								
	OE 4 / OE 7 / OE 8	S3, S4, S5, S6, S7, S8, S9, S10. Cuidado del material, cooperación entre iguales se potenciará en todas las sesiones.	░									
FASE 2 PUESTA EN MARCHA	OE 1	S3. Seguimiento de las fases del PC, mediante un juego.			▓							
	OE 2	S4. Iniciación a los bloques, mediante algoritmos muy básicos				▓						
	OE 3	S5. Seguimiento de patrones, respecto a la actividad 4.					░					
	OE 4	S6. Experimentar el pensamiento analítico a través del PC y plasmarlo en su micro: bit						▓				
	OE 5	S7. Observación atenta para poder fraccionar y llegar a su resolución							▓			
	OE 6	S8. Reconocimiento y análisis del problema, buscar posibles soluciones a través del PC.								▓		
	OE 7	S9. Investigación y observación acerca de su entorno próximo y lejano									░	
	OE 8	S10. Afianzamiento hacia lo aprendido, fomentando un ambiente lúdico y desinhibido, consiguiendo potenciar su interés en PC.										

FASE 3 EVALUACIÓN Y SEGUIMIENTO en base a la observación de las encuestas		☺	OE1	OE2	OE3	OE4	OE5	OE6	OE7	OE8
	1 cara=mínimo		☺	☺	☺	☺	☺	☺	☺	☺
	5 caras=máximo		☺	☺	☺	☺	☺	☺	☺	☺
			☺	☺			☺	☺	☺	☺
			☺				☺	☺	☺	☺
			☺				☺	☺	☺	☺

49

5.4.2. Cronograma de las Actividades

SESIONES	1-junio	3-junio	4-junio	7-junio	9-junio	11-junio	14-junio	16-junio	18-junio	21-junio
Sesión 1	▓									
Sesión 2		▓								
Sesión 3			▓							
Sesión 4				▓						
Sesión 5					▓					
Sesión 6						▓				
Sesión 7							▓			
Sesión 8								▓		
Sesión 9									▓	
Sesión 10										▓

Las actividades propuestas son identificadas como HITOS lo que nos permitirá revisar la propuesta de implantación-innovación completada y replanificarla en caso necesario. Éste plan de trabajo permite participar a todos activamente, de una manera eficiente y optimizada.

6. Evaluación

Concluimos por tanto definiendo el proceso de evaluación del aprendizaje de los alumnos como un instrumento motivador en el que el docente es un mero guía y el alumno el protagonista.

Permitiendo la participación activa de estos en todo el proceso, cuya retroalimentación inmediata durante el desarrollo de la evaluación a través de la placa micro: bit implica un esfuerzo de superación por parte del alumnado por conseguir sus objetivos.

Para finalizar, la evaluación del proceso de la propuesta de innovación-implantación será el resultado obtenido por los alumnos.

La aplicación de ésta propuesta de innovación, en cuanto a la evaluación del progreso de los alumnos creará el hábito de que valoren su progreso. A través de la escala de valoración de caritas, siendo una carita poco gratificante y 5 caritas muy satisfactoria la actividad. Visualiza su progreso y lo convierte en un reto personal lo que implica una mayor motivación para conseguir los logros.

En el anexo 15 y anexo 16 indistintamente se muestran tablas de valores, las cuales arrojarán datos de cómo han transcurrido las sesiones y las actividades, la implicación de los alumnos, su interés y participación. Así como, la valoración del mismo proyecto.

7. Conclusiones

El Pensamiento Computacional no debe de ser entendido como un lenguaje de programación o codificación para ser utilizado exclusivamente con ordenadores, sino como un conjunto de habilidades que todos los individuos independientemente de su edad deberían de tener para la resolución de problemas.

Dada la revisión histórica que se ha realizado desde su origen hasta la actualidad, se ha podido comprobar que los múltiples autores vistos no han aportado respecto al concepto de pensamiento computacional un consenso, pero sí similitudes en cuanto a las habilidades exactas involucradas y en cuanto a las estrategias para potenciarlas y evaluarlas.

Para la enseñanza de los conceptos y habilidades asociadas con el pensamiento computacional se ha recurrido a actividades enchufadas y desenchufadas, a través de la placa micro: bit, recurso didáctico-tecnológico que ha permitido implicar a todos los alumnos en un ambiente lúdico, desinhibidor y embargándoles en un flujo de trabajo que promueve un nivel equilibrado de estimulación, permitiendo incrementar su seguridad y autoestima frente al proceso de enseñanza-aprendizaje y logrando que se haya percibido el error como parte del aprendizaje.

El uso de recursos didácticos desconectados y conectados ha sido fundamentalmente guiado para avivar el desarrollo del pensamiento computacional partiendo de los intereses del alumnado de 1º y 2º de Primaria, teniendo en cuenta su edad evolutiva. No obstante, no debemos perder la perspectiva que el verdadero aporte educativo no se encuentra en las actividades en sí mismas, sino en la capacidad del docente en relacionar las actividades propuestas en el proyecto de innovación-implementación para aplicar y desarrollar las fases del pensamiento computacional.

Se determina y verifica que el PC, ayuda al aprendizaje de otras áreas haciendo a nuestros estudiantes más resolutivos, mediante la manipulación de los elementos que envuelven a los problemas.

Limitaciones percibidas

Aunque queda por sentado que el uso de la micro: bit favorece la actitud positiva del alumnado y habiendo encontrado su aprendizaje fácil y divertido, la muestra tan limitada de actividades no resultó sencilla, habiendo sufrido algunos obstáculos durante su composición. Se tuvo que buscar soluciones inmediatas en cuanto a la falta de formación, se denotó que el proceso se ralentizó, aunque no se perdió la eficacia de las mismas.

Una investigación más precisa y profunda hubiera permitido con un porcentaje más alto observar exactamente los cambios o los no cambios de cómo y con qué herramienta digital tecnológica aplicar las claves y estrategias que deberíamos trabajar para poder implementar en un sistema formal educativo las fases del pensamiento computacional a través de la placa micro: bit y de forma transversal.

Prospectiva de Futuro

No debemos dejar de obviar, que vivimos en una nueva era digital y tecnológica donde la clave del éxito será entender el mundo digitalmente, donde el pensamiento computacional debe tener cabida para que los jóvenes de ésta era sean eficientes y competitivos. Así mismo, esto implica que las autoridades educativas aborden desde infantiles habilidades que conlleven un futuro brillante a nuestro alumnado.

Se entiende que ésta transformación no será sencilla, ya que implicará cambios significativos en la pedagogía y en la práctica docente. Requiriendo la colaboración y cooperación de todas las partes involucradas desde el investigador hasta el docente.

Como trabajo futuro sería recomendable realizar investigaciones encaminadas para que el PC sea aplicado desde la Educación Infantil hasta la E.S.O. Deberían ser investigados aspectos acerca del PC como la evaluación, formación y actualización docente requerida para abordar su enseñanza. Así sería interesante que los alumnos según incrementarán su nivel, las actividades fueran encaminadas a la programación más compleja, añadiendo más sensores, componentes complejos como motores para que pudieran resolver todo tipo de problemas a través de micro: bit ligándolo con la inteligencia artificial. Dado que éste mismo año sale a la luz la nueva versión de micro: bit actualizada y mejorada. Versión compatible con todas las anteriores y habiendo sido impulsada para mejorar la innovación y la creatividad. Placa que recoge todo anexado, pudiendo ver así otras perspectivas actuales, dispositivos que se van creando y acoplando según se avanza en ésta era digital.

Del mismo modo, se propone la creación de un repositorio público de recursos didácticos conectados y desconectados que puedan ser utilizados por docentes de educación infantil, primaria, secundaria y educación media. Dado que éste tipo de aprendizaje según los últimos estudios se necesitará para el siglo XXI, serán las semillas que se podrían sembrar para abrir un camino a una sociedad apta para el futuro.

8. Referencias Bibliográficas

Adell, J. L. (2019). El debate sobre el pensamiento computacional en educación. *Revista Iberoamericana de Educación a Distancia*, 171-186. doi:http://dx.doi.org/10.5944/ried.22.1.22303

Angeli, C. V. (2016). 6 Computational Thinking Curriculum Framework: Implications for Teacher Knowledge. *Education Technology and Society*, 47-57. doi:http://hdl.handle.net/11245/1.547418

Ávila Baray, H. (2006). *Introducción a la Metodología de la Investigación* (Edición electrónica ed.). doi:http://www.univermedios.com/wp-content/uploads/2018/08000000000/Introducción a la Metodología de la Investigación

Balladares-Burgos, J. Á.-S.-N. (s.f.). Del Pensamiento Computacional al Pensamiento Computacional: retos para la Educación contemporánea. En Sophía (Ed.). doi:http://doi.org/10.17163/soph.n21.2016.06

Bers, M. G.-G. (2019). Coding as a Playground: Promoting Positive Learning Experiences in Childhood Classrooms. *Computers & Education*. doi:10.1016/j.compedu.2019.04.013

Bocconi, S. C. (2016). *Developing Computational Thinking in Compulsory Education Implications for Policy and Practice. JRC.* Sevilla: Joint Research Centre. doi:10.2791/792158

Bruner, J. (2008). *Desarrollo cognitivo y educación.* Madrid: Morata.

Caballero-González, D. A.-V.-R.-A., & García-Valcárcel Muñoz, A. Y.-A.-G. (2019). Robótica para desarrollar el pensamiento computacional. *Revista Científica de Educomunicación*, 63-72.

Compañ-Rosique, P. S.-C.-L.-C. (2015). Enseñando a Programar: un camino directo para desarrollar el pensamiento computacional. *Revista de Educación a Distancia (RED)*, 46-52. doi:.org/10.6018/red/46/11

Fernández, L. A. (2010). *Recursos Didácticos: Elementos Indespensables para Facilitar el Aprendizaje.* Mexico: Limusa.

Hernández-Sampieri, R. F.-C.-L. (2014). *Metodología de la Investigación.* Mexico: McGrawHill.

ISTE, C. &. (2011). *Caja de Herramientas para el Penamiento Computacional*. Obtenido de http://www.eduteka.org/pdfdir/Pensamiento Computacional11.pdf

Ley Orgánica 3/2020, de 29 de diciembre, por la que se modifica la Ley Orgánica 2/2006 de 3 de mayo, de Educación.

Llopis, M. (2019). Pensamiento Computacional en Educación. *Revista Iberoamericana de Educación a Distancia, 22*(1), 171-186. doi:http://dx.doi.org/10.5944/ried.22.1.23303

Ministerio de Educación y Formación Profesional, I. y. (2018). *Programación, robótica y pensamiento computacional en el aula. Situación en España y propuesta normativa.* Ministerio de Educación y Formación Profesional.

Moreno-Isac, R. R.-V. (2020). Computational Thinking in Education. *RED - Revista de Educación a Distancia*, 20-63.

Muñoz Fernández, J. (2019). Micro: bit a Fondo. Robotopia.

OCDE. (2018). *Good Jobs for All in a changing World of Work: The OECD Jobs Strategy.* París: OECD. doi: https://doi.org/10.1787/9789264308817-en.

OCDE. (2019). Employment Outlook. The future of work. En OCDE, *THE FUTURE OF WORK. OECD EMPLOYMENT OUTLOOK 2019.* París: OCDE LIBRARY.

Palacios, J. M. (2013). *Desarrollo psicológico y Educación.* Madrid: Alianza Editorial.

Papert, S. (1980). *Mindstorms: Children, Computers and Powerful Ideas.* Basic Books Inc.

Piaget, J. (2007). *La psicología de la inteligencia.* Barcelona: Crítica.

Roig-Vila, R. y.-I. (2013). El Pensamiento Computacional en Educación. *Revista de Educación a Distancia.* doi:10.6018/red.402621

S, C. A. (2015). Pensamiento Computacional. *Guía para Profesores. Computing at School.*

Stefania Bocconi, A. C. (2016). *JRC SCIENCE HUB.* LUXEMBURGO: PUBLICATIONS OFFICE OF THE EUROPEAN UNION, 2016.

Students, S. f. (2016). *International Society for Technology in Education.* doi:http://www.iste.org/standards/for-students

Wing, J. (2010). Pensamiento Computacional, qué y por qué.

Wing, J. (2011). Research notebook: Computational Thinking - What and Why? Pittsburgh: Scientis Carnegie Mellon University. doi:http://www.cs.cmu.edu/link/research-notebook-computacional-thinking-what-and-why

Wing, J. M. (2006). Computational Thinking. *COMMUNICATIONS OF THE ACM (Association for Computing Machinery)*, página 33.

Zapata-Ros, M. (2019). Pensamiento computacional desenchufado. *Ediciones Universidad Salamanca*(20), 18-29. Obtenido de http://orcid.org/0000-0003-4185-5024

9. ANEXOS

Anexo 1

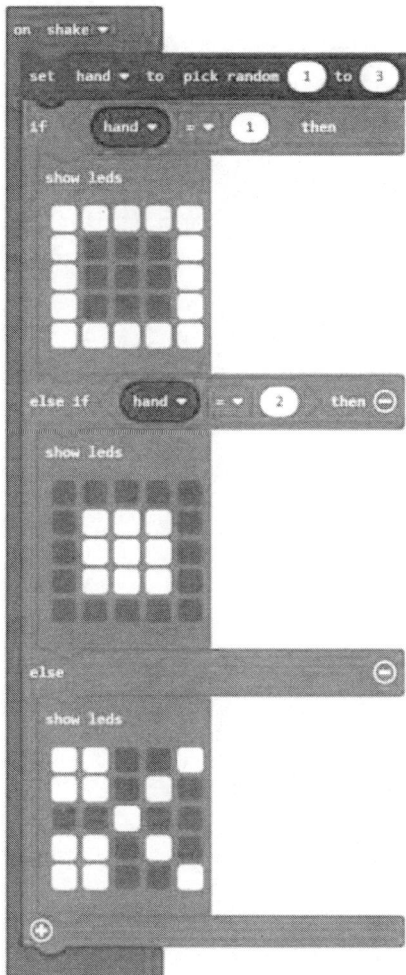

Anexo 2

ANEXO 3

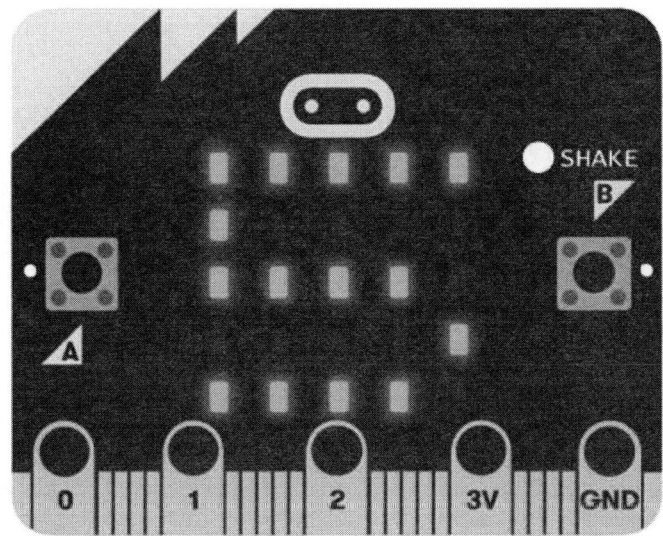

ANEXO 4

ANEXO 5

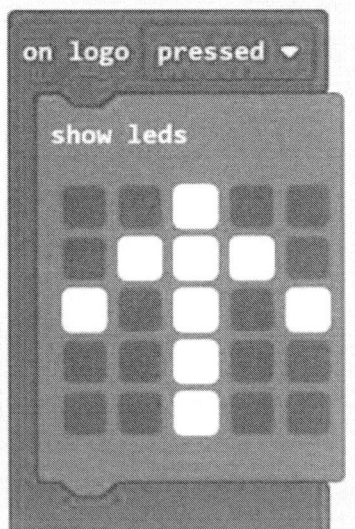

ANEXO 6

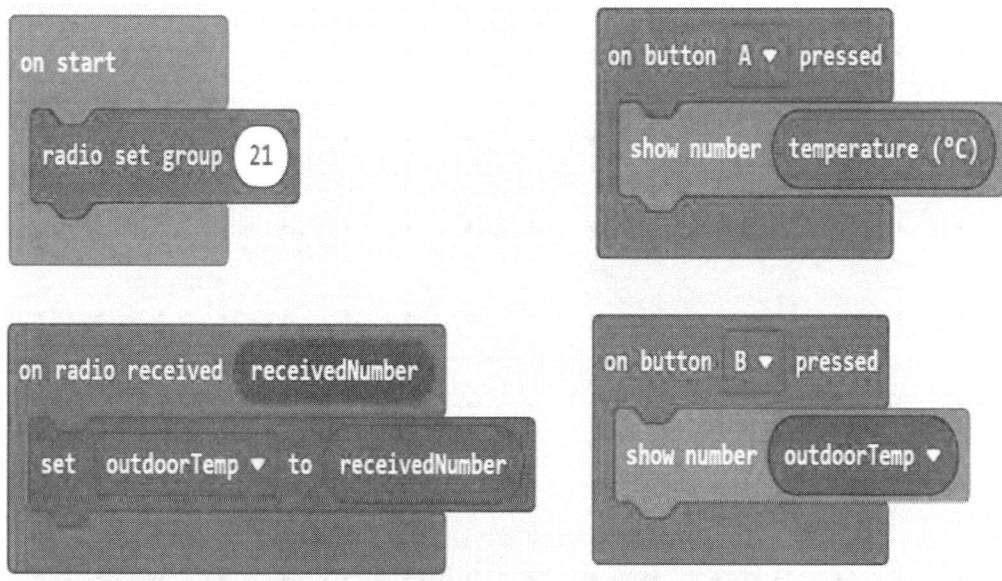

ANEXO 7

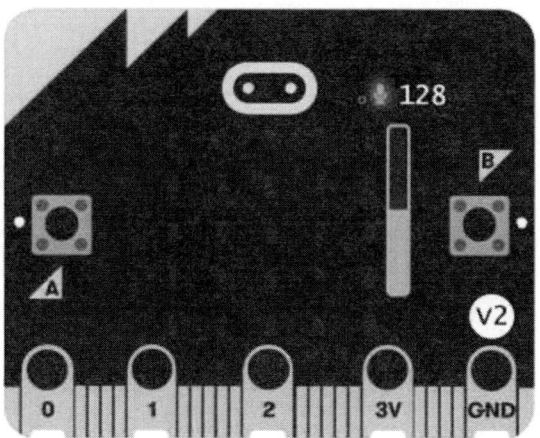

ANEXO 8

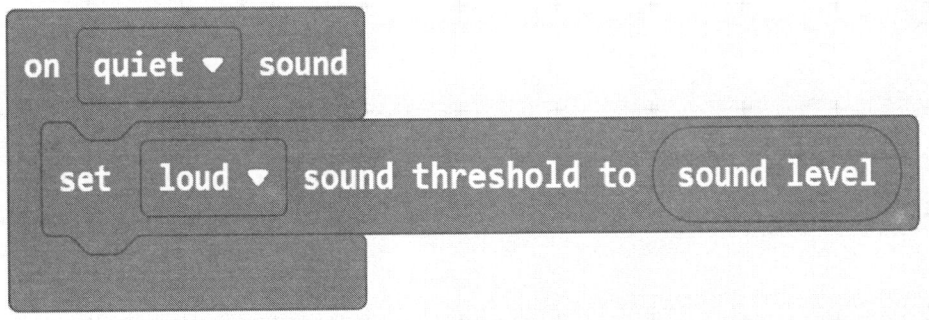

ANEXO 9

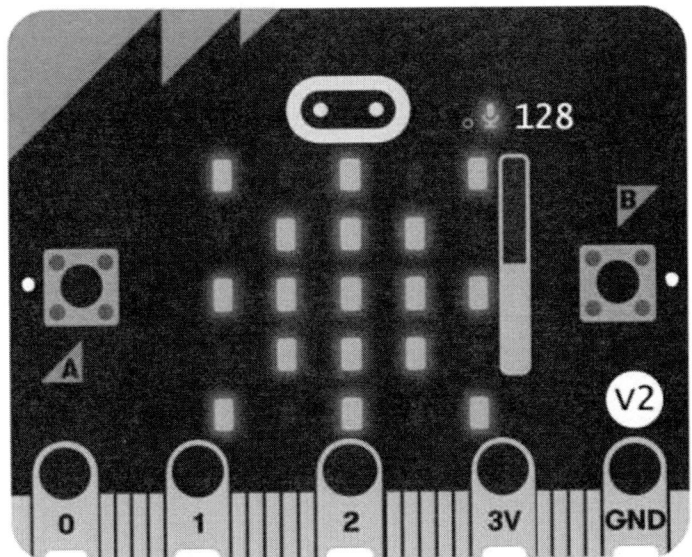

ANEXO 10

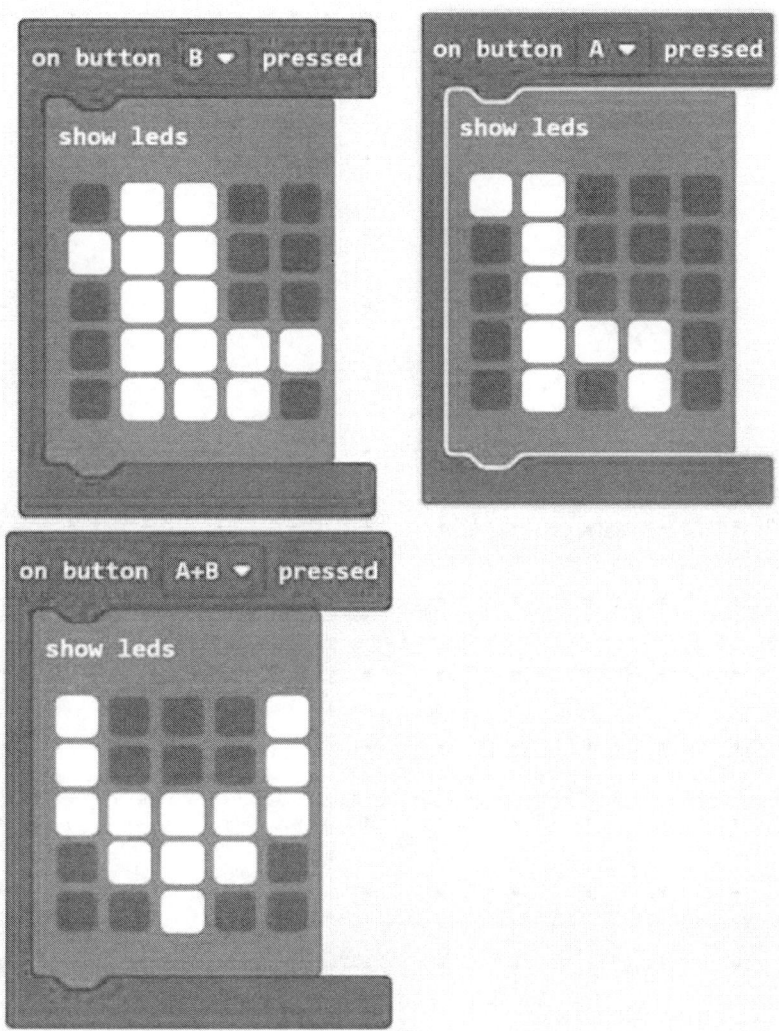

ANEXO 11

ANEXO 12

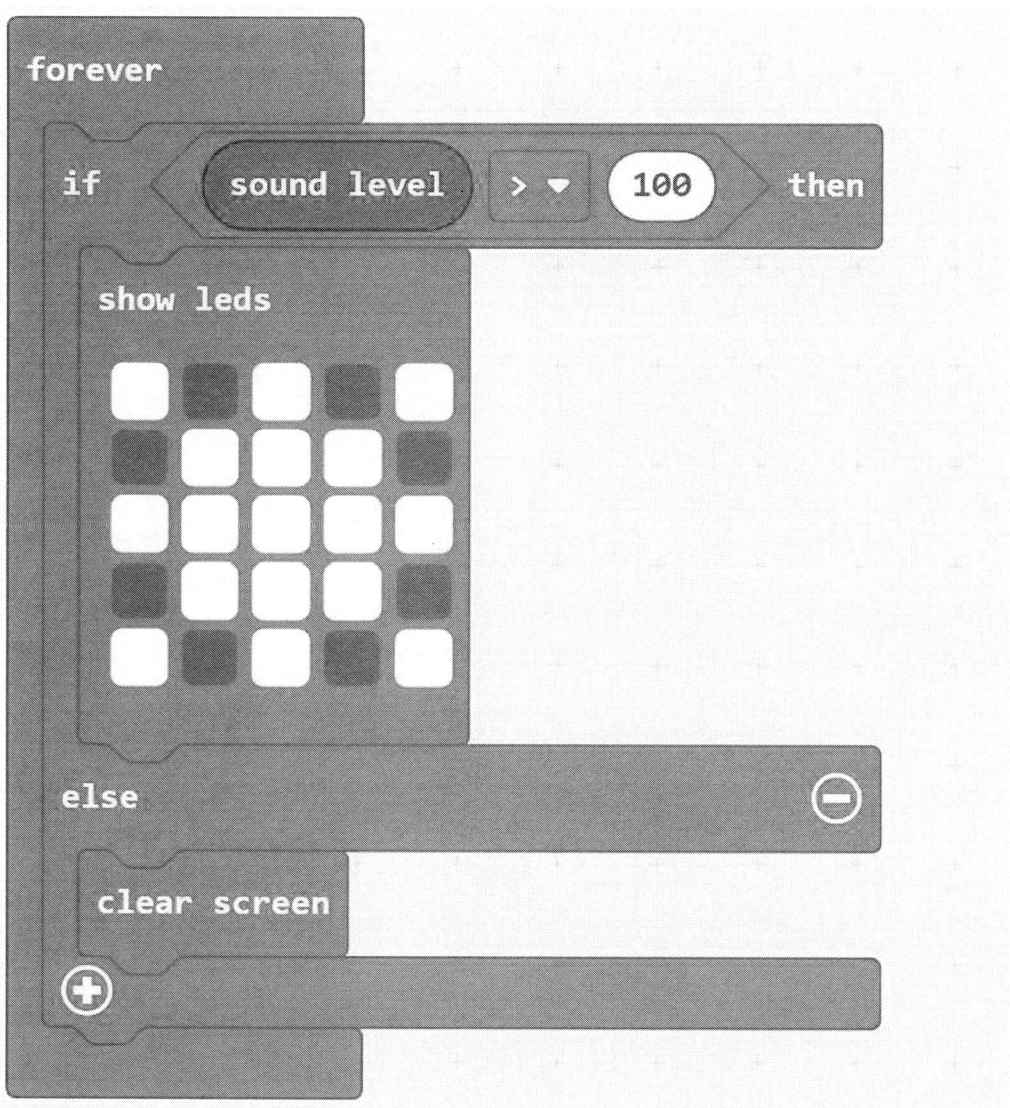

ANEXO 13

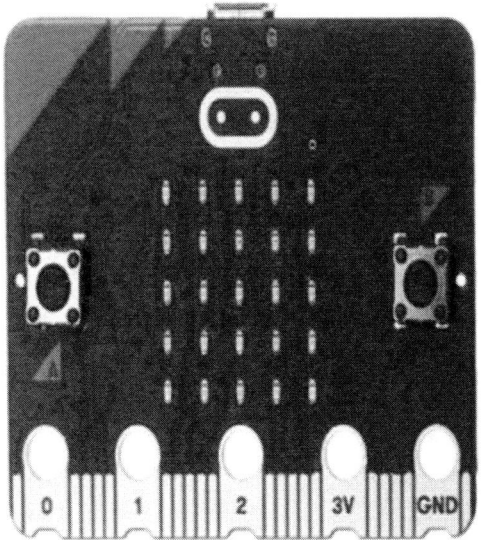 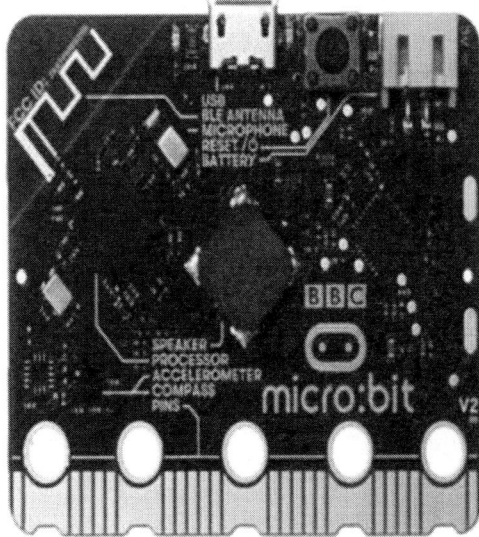

ANEXO 14

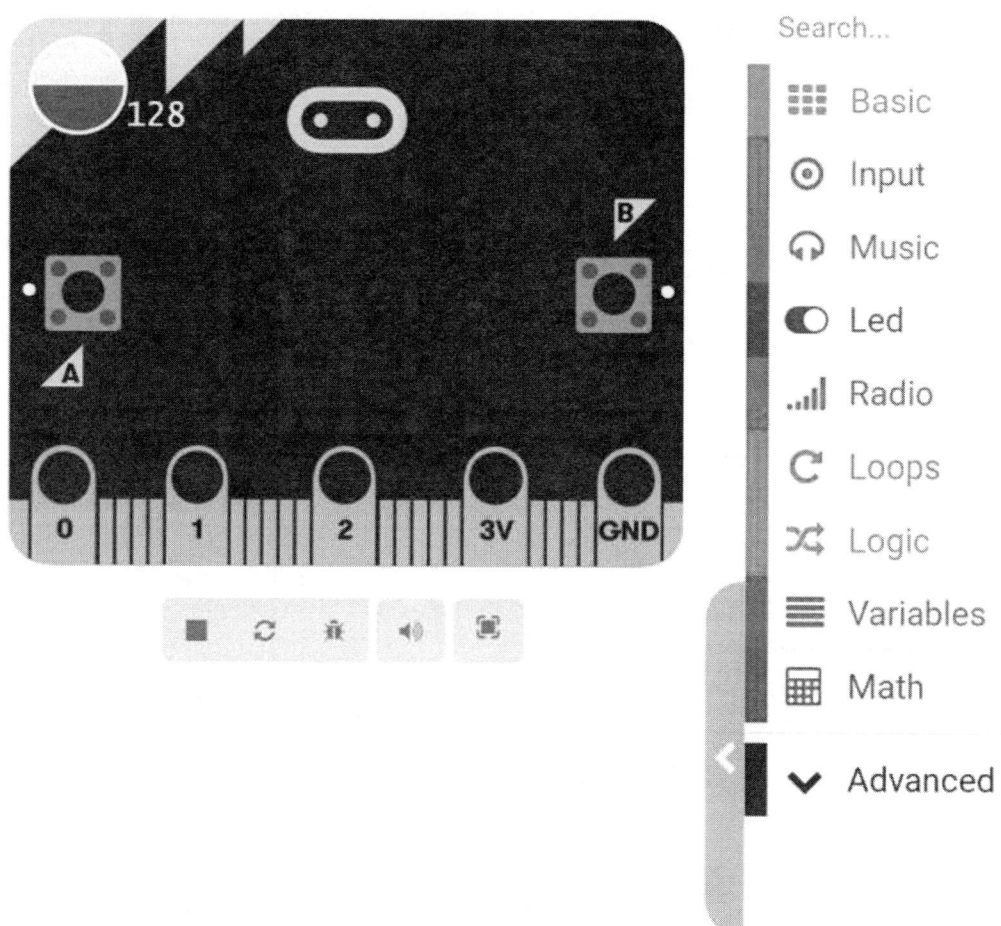

ANEXO 15   OBSERVACIÓN Y VALORACIÓN DEL DOCENTE ANTE SU TRABAJO

SESIÓN 1 - JUNIO	A	B	C	D
Planteamiento				
Concordante con los objetivos.				
Actividad adaptada a las necesidades de los alumnos.				
Interés por los contenidos.				
Participación y Colaboración en el aula, con la actividad, el gran grupo y pequeño grupo.				
Interés en las actividades.				
Creatividad y mejora por parte del alumno.				
Manejabilidad de la placa.				
Cuidado del material, incluido el ritmo de conexión.				

A	B	C	D
Muy adecuada la actividad. Satisfacción absoluta.	Adecuada, satisfactoria.	Poco adecuada y satisfactoria.	Inadecuada e insatisfactoria

Por cada actividad se confeccionará una tabla para observar la implicación de

los alumnos y su interés ante las actividades, por parte del docente.

70

ANEXO 16   - OBSERVACIÓN Y VALORACIÓN DEL ALUMNO

SESIÓN 1 - JUNIO	☺	☺ ☺	☺ ☺ ☺	☺ ☺ ☺ ☺	☺ ☺ ☺ ☺ ☺
¿Es fácil aprender cómo utilizar micro: bit?					
Creo que es divertido micro: bit					
Me resulta sencillo manejar los botones					
Prefiero micro: bit al libro de texto					
Entiendo mejor el problema planteado con micro: bit					
Me entero más de todos los pasos que tengo que seguir					
A mi me gusta la experiencia con la placa micro: bit					
A mi me gustaría utilizarla en todas las evaluaciones y los cursos					
Gracias a micro: bit pude observar otra manera de resolver las cosas					
Tengo la curiosidad de cómo poder hacer más cosas a través de micro: bit					

☺   Habrá una tabla de valores para cada actividad-sesión para valorar por parte de los alumnos.